"经典与解释"丛编

Classici et Commentarii

HERMES

刘小枫 ● 主编

奥古斯丁的解经学

〔古罗马〕奥古斯丁 ● 著

尹哲 ● 编译

商务印书馆
The Commercial Press

"经典与解释"丛编
出版说明

古典文明研究工作坊创设的"经典与解释"丛书，是改革开放以来我国学界规模最大、持续时间最长的丛书之一，自2002年开设以来，迄今已出版逾500种。

"经典与解释"丛书自觉继承商务印书馆创设的"汉译世界学术名著丛书"的精神，为我国学界积累学术资源，尤其积极推动译介西方历代经典的绎读，以期源源不断的学子们能更好地认识西方历代经典。

古典文明研究工作坊精选若干西方经典，联合商务印书馆共同推出"'经典与解释'丛编"。本丛编着眼于配合"汉译世界学术名著丛书"的发展，为这一百年学术大业添砖加瓦。

古典文明研究工作坊
商务印书馆
2022年元月

目　录

编译者前言

如何理解公元5世纪的奥古斯丁（354—430）的解经学，对西方学界来说一直是个问题。因为，到目前为止，人们能够看到的对奥古斯丁解经书的解读，大多出自基督教新教背景，这类解经书或多或少对传统的天主教权威提出了挑战。事实上，奥古斯丁的《〈加拉太书〉注疏》反倒会激发人们重新思考历史上的宗教改革运动，即教会内部的改革是否必然带来教会分裂的后果。

奥古斯丁对《加拉太书》的解释可以让我们看到，奥古斯丁虽然承认北非教会的宗教改革势在必行，但又认为改革必须得到主教的批准，要借助公会议的权柄才能施行。教会的改革要在主教的主导下进行，只有主教才是真正的改教家。

奥古斯丁的希腊语水平并不出众，在诠释《加拉太书》时，他还不能够依据希腊语《圣经》来主导自己的写作。当时，耶柔米是奥古斯丁解经方面的潜在竞争对手，或奥古斯丁心里暗中较劲的对象，而耶柔米的希伯来语和希腊语水平均要高于奥古斯丁。奥古斯丁的思想之所以发生较大的转变，其实和他遇到的竞争对手或宿敌有莫大关系。假设奥古斯丁在其思想历程中首先遭遇佩拉纠主义，到其晚年再遭遇摩尼教徒的挑战，那么，奥古斯丁的思想演进路线就可能发生一种逆转。

本书收录奥古斯丁的四部解经作品，都围绕基督教思想史上有决定性影响的两封保罗书信展开，反映了他的某些关键思想立场在短短数年内的改变轨迹。《致奚普里安》反映出奥古斯丁与自己的前期思想逐渐拉开距离,《〈加拉太书〉注疏》给人们提供了一幅真实可爱的奥古斯丁形象,而两篇《罗马书》注释亦可吸引人们将之与解经史上的同名著作对勘。

本书主要依据文史学家整理的拉丁语本翻译,同时参考普卢默(E. Plumer)的《〈加拉太书〉注疏》英译本、兰德斯(P. F. Landes)的《罗马书》注释英译本、伯利(J. H. S. Burleigh)的《致奚普里安——答不同问题》英译本。为了帮助读者更好地理解原文中所探讨的问题,译者除了采纳英译本的注释外,也添加了一些译注。

《圣经》经卷缩写表

《旧约全书》

《创世记》	创	《以斯帖记》	斯
《出埃及记》	出	《约伯记》	伯
《利未记》	利	《诗篇》	诗
《民数记》	民	《箴言》	箴
《申命记》	申	《传道书》	传
《约书亚记》	书	《雅歌》	歌
《士师记》	士	《以赛亚书》	赛
《路得记》	得	《耶利米书》	耶
《撒母耳记上》	撒上	《耶利米哀歌》	哀
《撒母耳记下》	撒下	《以西结书》	结
《列王纪上》	王上	《但以理书》	但
《列王纪下》	王下	《何西阿书》	何
《历代志上》	代上	《约珥书》	珥
《历代志下》	代下	《阿摩司书》	摩
《以斯拉记》	拉	《俄巴底亚书》	俄
《尼希米记》	尼	《约拿书》	拿

《弥迦书》	弥	《哈该书》	该
《那鸿书》	鸿	《撒迦利亚书》	亚
《哈巴谷书》	哈	《玛拉基书》	玛
《西番雅书》	番		

《新约全书》

《马太福音》	太	《提摩太前书》	提前
《马可福音》	可	《提摩太后书》	提后
《路加福音》	路	《提多书》	多
《约翰福音》	约	《腓力门书》	门
《使徒行传》	徒	《希伯来书》	来
《罗马书》	罗	《雅各书》	雅
《哥林多前书》	林前	《彼得前书》	彼前
《哥林多后书》	林后	《彼得后书》	彼后
《加拉太书》	加	《约翰一书》	约一
《以弗所书》	弗	《约翰二书》	约二
《腓立比书》	腓	《约翰三书》	约三
《歌罗西书》	西	《犹大书》	犹
《帖撒罗尼迦前书》	帖前	《启示录》	启
《帖撒罗尼迦后书》	帖后		

《加拉太书》注疏

1. (1) 前言。使徒①写信给加拉太人的原因，是使他们明白神的恩典为他们所成就的就是：他们不再在律法之下。(2) 因为，虽然福音的恩典已经传给他们，可有一些奉割礼的人②仍不明白恩典真实的益处。尽管他们被称为基督徒，但他们仍想在律法的担子下——可我们的神没有把这担子加给义人，而是加给那些罪人。（见提前 1:9）这就是说，他将公义的律法赐给罪人，是要指出他们的罪，而不是拿去他们的罪。只有借着"信心"的恩典，神才会免罪，"唯独使人生发仁爱的信心才有功效"（加 5:6）。③

因此，这些人想把加拉太人——他们已在恩典以下——置于律法的重担之下，断言他们不会从福音那里得益处，除非他们受割礼，并在肉体上遵守犹太人习俗的其他规定。(3) 因这一断言，加拉太人曾开始把保罗——他曾给他们传福音——视为疑犯，因为

① "使徒"这个词在奥古斯丁和教父那里一般都是指圣保罗。"我原是使徒中最小的，不配称为使徒。"（林前 15:9）到后来他被认为是最卓越的"使徒"，这个变化并不寻常。下述因素可以帮助解释这种变化：《使徒行传》的重点放在升天后的主对保罗的呼召，以及接下来他传福音的活动上；随着教会在保罗过世后的数十年间变得非常外邦人化，保罗做"外邦人使徒的职分"（罗 11:13）自然变得更加重要；到后来，归于他的书信集中起来，且定为正典，它们占据了《新约》的近三分之一。

② 即犹太人出身的信徒。这个表达是从《圣经》来的，见加 2:12，徒 10:45、11:2。

③ "基督信仰的恩典"（gratia fidei）是这个文本中的一个关键说法，它指神在基督里面恩赐的饶恕与救恩，它要借着信仰领受。引用加 5:6 强调了信仰的另一个方面——它持续地结果子。这个说法和这节经文一起概括了奥古斯丁在注疏中关于信仰所要说的主要内容。

他并没有坚固其他使徒的教导,这些使徒勉强外邦人随犹太人行事。①(4)为避免使这样的人反感,使徒彼得就和他们妥协,并有了装假②之举,仿似他也相信外邦人不会从福音那里得益处,除非他们担律法的担子。如此信所言,使徒保罗就把他从这种装假中叫回。(见加 2:11—14)

(5)《罗马书》中的焦点议题与之类似,但有如下明显区别:在那里,他解决了一个现实冲突,平息了犹太基督徒和外邦基督徒之间发生的一场争论。一方面,犹太人以为,福音的奖赏是对他们律法之善工的支付,因此不想那未受割礼的也得这奖赏,他们认为外邦人不值得。另一方面,外邦人想高举他们自己在犹太人之上,认为是犹太人杀死了主耶稣。

(6)然而,在这封信中,他是要告诉受犹太分子搅扰的人,他们正推动人们去守律法。事实上,他们曾要开始相信这些人,就像那不让外邦人受割礼的使徒保罗从来没有将真理传给他们。(7)因此他提笔写道:"我稀奇你们这么快离开那借着基督之恩召你们的,去从别的福音。"(加 1:6)(8)通过这样一个开头,他简述了自己写信的原因。事实上,即使在问安③时,当他说自己是一位使徒,"不是由于人,也不是借着人"(他没有在其他书信中使用过这样的表达),他就很明确地指出,他的对头不是出于神而是"出

---

① 换句话说,是"……按照犹太人的习惯生活"。在拉丁语《圣经》中,这个语词仅出现在加 2:14,在这里它其实转写了希腊语*ιουδαïζειν*。

② 拉丁语为 simulatio(见加 2:13),奥古斯丁在一个非常负面的意义上理解这个词。相对来说,耶柔米因为关心维护彼得的名望,就以一种正面的意义诠释彼得的"装假",他注意到"甚至我们的主自己……也取了罪身的形状(simulatio)"(《〈加拉太书〉注疏》2:11 以下,暗引了罗 8:3)。

③ 奥古斯丁的"问安"指加 1:1—5;"开头"(即导言)指加 1:6—11。按照正式的古希腊罗马风格对《加拉太书》做综合的文学分析,曾被一些学者当作打开《加拉太书》的一把钥匙,但这里没有证据说明这种系统的文学分析吸引了奥古斯丁或者其他任何一位拉丁语注疏者的兴趣。例如,另一位拉丁解经家马里厄斯·维克多瑞不认为可以恰当地按照修辞术传统使《加拉太书》屈从于一种系统的分析,因为显然保罗自己没有以任何系统的方式效仿它们。相同的说法大部分可适用于奥古斯丁。

于人"，他也不应被认为在福音见证的权威方面小于其他使徒；因为他晓得自己做一名使徒，"不是由于人，也不是借着人，乃是借着耶稣基督，与叫他从死里复活的父神"（加1:1）。（9）因此，如果主同意和帮助我们的尝试，我们便打算查考和分享每一个要点，就从这封信的第一句话开始吧。

2.（1）"做使徒的保罗（不是由于人，也不是借着人，乃是借着耶稣基督，与叫他从死里复活的父神）和一切与我同在的众弟兄，写信给加拉太的各教会。"（加1:1—2）（2）"由人"而来的喜欢说谎。"借着一个人"而来的也许诚实，因为诚实的神就有可能"借着一个人"而来。因此既不是"由人"而来也不是"借着一个人"而来，而是借着神而来的这一位是诚实的，因为神甚至使那些"借着一个人"而来的都是诚实的。（3）因此之前的使徒，他们不是由人而来，而是由神借着一个人——借着耶稣基督而来，那时他仍然在世——他们就都不会说谎。而最小的使徒（见林前15:8）——他是由复活后的全神耶稣基督而来①——也不会说谎。（4）之前的使徒是由基督而来，当时他仍然是一个人，就是说，仍然在世；最小的使徒保罗，则是由如今为全神的基督而来，也就是说，由在各方各面都不朽的基督而来。（5）因而保罗见证的权威应视作与他们的权威相等，因为主基督的荣耀弥补了他因时间上居后而失去的尊重。②（6）因此，当他说到"父神"时，他还加上"叫他从死里复活的"，从而哪怕是扼要地说明，他是由那荣耀的

---

① 奥古斯丁在《订正录》1. 24（23）. 1中评论了这段："使用'全神'这个说法，是因为他在复活后开始具有不朽的性质了，而不是因为他永远不朽的神性。他从来没有与这种神性分开，而且在这种神性当中他是全然的神，即便他仍注定要死。"有学者指出奥古斯丁在此不平常的语言明显受到普瓦捷的希拉流《论三一》（De Trinitate）的影响。

② ［译注］奥古斯丁为说明保罗的地位不亚于其他使徒，并和他们一样诚实，突出了如下一种区别：之前的使徒是由地上的耶稣派来的，而保罗做使徒是由天上的耶稣差遣的。奥古斯丁暗示，升天后的耶稣的荣耀要大于地上的那个阶段的耶稣，这就可以弥补保罗在时间上居后的劣势。

独一之神而来。

　　3.（1）"愿恩惠与平安,从父神与我们的主耶稣基督,归与你们。"(加1:3)（2）是因着神的"恩惠",我们的罪才得到赦免,我们与神的关系才可能得到调解;然而,是借着"平安",我们与神的关系当下才"得到了"和好。①（3）"基督照我们父神的旨意为我们的罪舍己,要救我们脱离这罪恶的世代。"(加1:4)"这世代"被认为是"罪恶的",②是因为居住着罪恶之人,就如我们说,由于有恶人居住在里面,这就是一座罪恶的屋子。（4）"基督照我们父神的旨意,要救我们脱离这罪恶的世代。但愿荣耀归于神,直到永永远远,阿门。"(加1:4—5)（5）因此,人若能有好的行为,他可以骄傲地将多少荣耀归给自己呢? 看看神的儿子自己在福音书中都宣告(见约8:50,6:38),他不寻求自己的荣耀,也不按自己的意思行,而是要按差我来者的意思行。（6）使徒这时提到天父的意思和荣耀是要说明,他效法差他来的主的样式传福音,既不求自己的荣耀,也不是要按自己的意思行。如他稍后所说:"若仍旧讨人的喜欢,我就不是基督的仆人了。"(加1:10)

　　4.（1）"我稀奇你们这么快离开那借着基督之恩召你们的,去从别的福音。那并不是福音……"(加1:6—7)（2）因为若有"福音"与主所传的不同(不管是亲自传还是通过他人传),它都不能被称为"福音"。（3）不过在说"你们离开那召你们的"后,他还有意加上,"借着基督的恩"——这个恩正是他的仇敌想要否定的,仿似基督白白来到世上,而肉身的割礼与此类律法之工才有救

---

①　在《订正录》1.24(23).2中奥古斯丁认为这段注疏应当这样诠释:"我们也要认识到,一般而言惠与平安都属于神的恩典,就如在神的子民中,你能够分别区分雅各的后裔与犹太的后裔,但这两族一般而言都是以色列的后裔。"奥古斯丁关于加1:3的注疏与佩拉纠的相似:"借着平安,随着他们所有的罪得着赦免了,他们才已经与神和好"。

②　奥古斯丁关注这一说法而不是在它前面的重要的基督论表述,也许反映出他反对摩尼教二元论的热心。

人的能力。（4）"不过有些人搅扰你们，要把基督的福音更改了。"（加1:7）他们不可能像他们"真正"搅扰了加拉太人那样"真正"更改基督的福音，因为基督的福音仍然完全站立得稳。但当他们叫信徒不再关注属灵之事，而去关注属体之事时，他们就是在"企图更改"基督的福音。（5）但即便信徒以这种方式更改了，福音也不会更改。因此，保罗虽然说，有些人"正在搅扰你们"，但他并没有说"正在更改"，而是"要""更改"基督的福音。

"但无论是我们，是天上来的使者，若传福音给你们，与我们所传给你们的不同，他就应当被咒诅。"（加1:8）（6）不是因传真理的人或天使，而是因真理本身，人们才爱真理。因为，若有人因传真理的人而喜爱真理，那他就可能爱上假话——倘若传真理的人正好表达的是个人意见。"我们已经说了，现在又说，若有人传福音给你们，与你们所领受的不同，他就应当被咒诅。"（加1:9）（7）保罗说"我们已经说了"，要么是因为他早就亲自告诉过他们，要么就是他在重复他刚刚说过的内容。不管出于哪种原因，这简单的重复都可以帮助他们更加明白坚持相信的重要性，这信本已交给了他们。

5.（1）"我现在是要得人的心呢，还是要得神的心呢？我岂是讨人的喜欢吗？若仍旧讨人的喜欢，我就不是基督的仆人了。"（加1:10）一方面，没有人能得神的心，因为凡事都显明在神的面前。（见林后5:11）（2）另一方面，有人是要他传的真理而非他自己讨人的喜欢，他就是在以一种极妙的方式得人的心。（3）有人讨人的喜欢是要他们得救，借着他们并不求个人的荣耀，而求神的荣耀，这人就不是在讨人的喜欢，而是在讨神的喜欢——要不至少也是在同时讨神和人的喜欢，而不仅仅是在讨人的喜欢。（4）讨人的喜欢是一回事，同时讨神和人的喜欢是另一回事。相类似，若一个人为真理的缘故去讨人的喜欢，那么使他们喜欢的就不是这个人，而是真理。（5）保罗说"讨人的喜欢"，因为这可以由他决定,也就是说,这在他力所能及的范围内——就如他说"若仍旧讨人的喜欢"。尽管保罗没有这样的意愿,但如果有人不是因为神和传的福音而喜欢,而是因为保罗本人而喜欢,其咎不在于保罗的骄傲,而在于这人没有因正确的事而喜欢。(6)因此这经文的意思是:"我现在是要得人的心呢,还是要得神的心呢? 既然我是要得人的心,那我仅是讨人的喜欢吗? 若仍旧讨人的喜欢,我就不是基督的仆人了。"

(7)基督告诉他的仆人要学习带着"一颗柔和谦卑的心"(太11:29),这件事情对于任何为了自己,即为着个人荣耀而去讨人喜欢的人来说都是不可能的。(8)保罗还在其他地方说道:"我们要得人的心,但我们在神面前是显明的。"(林后5:11)所以当保罗在此说"我现在是要得人的心,还是要得神的心"时,你们可以确定保罗要得的不是神的心,而是人的心。(9)他在其他地方的说法就不难理解了:"就好像我凡事都叫众人喜欢,不求自己的益处,只求众人的益处,叫他们得救。"(林前10:33)①

(10)若有人讨其他人的喜欢是为了自己,那么这就不能帮助他们得救。只有当你是为着神的缘故而叫众人喜欢,也就是说,是为神的悦纳和荣耀而叫众人喜欢时,你才能够帮助他们得救。既然众人在某人身上或通过他的事工找寻的是神的恩惠,因此若你以这种方式叫众人喜欢,那你实际上就不是在叫人喜欢而是叫神喜欢。(11)因此说"我讨人的喜欢"和"我不讨人的喜欢"都对。因为,倘若听者能够清晰地理解,并敬虔地叩门,②他会发现这两扇门③都开着,没有任何矛盾能够拦阻他进入。

---

① 在注释加1:10时,耶柔米从林前、林后中引用了相同的两节经文。
② 暗引了一次太7:7—8,这是奥古斯丁在说明进入《圣经》的正确方式时特别喜欢的一节经文——虔诚(见《忏悔录》12.1.1和13.38.53,尤其是《忏悔录》这本书的最后一句)。
③ [译注]"两扇门"即指刚才提到的两种说法或两种理解。

6.（1）"弟兄们，我告诉你们：我素来所传的福音，不是出于人的意思。因为我不是从人领受的，也不是人教导我的，乃是从耶稣基督启示来的。"（加 1:11—12）（2）福音若是出于人的意思，那它就是一个谎言，因为"人都是虚谎的"（诗 115［116］:11；罗 3:4），①因为任何在人身上发现的真理都借着他从神而来，而不是出于人的教导。②（3）因此"福音"这个词不能指从人领受的东西。把从人领受的东西称为福音的那些人，是想叫神所释放的人从自由回到被绑。

7.（1）"你们听见我从前在犹太教中所行的事，怎样极力逼迫残害神的教会。我又在犹太教中，比我国许多同岁的人更有长进，为我祖宗的遗传更加热心。"（加 1:13—14）（2）倘若保罗因"逼迫残害神的教会"而在"犹太教中更有长进"，那犹太教明显就与神的教会为敌，不是因犹太人领受的属灵的律法，而是因他们自己属体和做奴仆的生活之路。（3）如果保罗由于更加热心（也就是效仿）"他祖宗的传统"而逼迫神的教会，他祖宗的传统就与神的教会为敌。然而，律法无可指摘。③（4）因为"律法是属乎灵的"（罗 7:14），不逼人从肉体的角度理解。错误反而在于那些人——他们从肉体的角度看待所领受的律法，并传下许多自己的学问。因此，正如主耶稣所言，"你们借着遗传，废了神的诫命"（太 15:6）。

8.（1）"然而那把我从母腹里分别出来，又施恩召我的神，既然乐意将他儿子启示在我心里，叫我把他传在外邦人中，我就没有与属血气的人商量。"（加 1:15—16）（2）把他"从母腹里分别出

①　佩拉纠在他对加 1:10 的注疏中引用了同节经文。引用《诗篇》时首先给出拉丁语《圣经》的章节编号，如果与拉丁语《圣经》不同的话，在后面的括号内给出英语《圣经》章节的编号。
②　参照奥古斯丁的著名评论："没人有属于他自己的东西，除了谎言和罪。"（Nemo habet de suo, nisi mendacium et peccatum,《论约翰福音》5.1）
③　律法"要被"指摘正是摩尼教徒的一个主张。见《致奚普里安》1.1.16。

来",就意味着使他远离肉身父母蒙蔽的习俗;他如果与"属血气的人商量",就会相信世上家人与亲属出于肉体的嘱托。(3)"我也没有上耶路撒冷去,见那些比我先做使徒的。唯独往阿拉伯去,后又回到大马色。过了三年,才上耶路撒冷去见了彼得,和他同住了十五天。"(加 1:17—18)(4)如果保罗从阿拉伯传福音回来后去见彼得,那就不是为了从他那里补习福音;倘若是要从彼得那里补习福音,他就得先来拜见彼得。毋宁说,他拜访彼得是为了经过面谈,来建立彼此之间的弟兄情谊。(5)"至于别的使徒,除了主的兄弟雅各,我都没有看见。"(加 1:19)雅各被认为是主的胞弟,因为他是约瑟和另一位妻子所生,或者可能是主的母亲马利亚亲戚的一位儿子。①

　　9.(1)"我写给你们的,不是谎话,这是我在神面前②说的。"(加 1:20)任何人"在神面前"说,这不是谎话,那就一定是在起誓。还有比这更加神圣的起誓吗?(2)但起誓并不一定和主的诫命冲突,只要恶不是从起誓者那里出来的,而是从悖逆分子那里出来的。③ 因为,我们知道主制止我们对自己做不到的事情起誓,尽管很多人藐视主的制止,把起誓当作一道美味佳肴一样在唇边停留。(3)使徒肯定晓得主的诫命,但他仍然起誓。认为这不是起誓的那些人就到一边去吧。(4)因为他们要如何解释这句经文:"弟兄们,我在我主基督耶稣里,指着你们所夸的口,极力地说,我是天天

---

①　关于主的"胞弟"问题在 4 世纪曾受到人们的热议。这里提到其中的两种看法,前一种与伊皮凡尼乌(Epiphanius)特别有关,后一种与耶柔米有关。两种看法都旨在保卫马利亚永久的童贞女之身。第三种看法与赫尔维乌斯(Helvidius)和若维尼亚(Jovinian)相关,但在这里没有提到,它主张这些胞弟是在耶稣诞生后马利亚与约瑟生的儿子。论马利亚的童贞女之身也见《〈加拉太书〉注疏》30.2。奥古斯丁在其他地方的观点与耶柔米的观点一致。比如见《论约翰福音》28.3。

②　同意莫尔会修士和鲁斯莱读作 coram deo[在神面前],而不是迪维亚克的 coram dei[神的面前],这显然是一个印刷错误,因为接下来的经文读作 coram deo。

③　参见太 5:33—37。奥古斯丁认为主不准起誓的禁令不适用于这些情况,即必须起誓以赢得人的真信心。他在同时期的《主的登山宝训》1.17.51 中不那么简洁地处理了相同主题。

冒死！"（林前15:31）——希腊语《圣经》抄本明明白白地告诉你们
这是一句起誓。① （5）因此，自己做不到的事，使徒不会起誓，他不
会为了逞口舌之快而起誓。（6）是就说是，不是就说不是，若再多
说，就是"出于那恶者"（太5:37），但"恶"在于不去相信的那些人
的软弱或悖逆。

（7）"以后我到了叙利亚和基利家境内。那时，犹太信基督的
各教会都没有见过我的面。"（加1:21—22）要知道信主的犹太人
不只分布在耶路撒冷。他们的数目也不少，不可能并入外邦人的
教会，反而他们的人数可观，就形成自己分开的教会。② （8）"不
过听说，那从前逼迫我们的，现在传扬他原先残害的真道。他们就
为我的缘故，归荣耀给神。"（加1:23—24）（9）这是说，保罗认为，
他去讨人的喜欢不是为着自己，而是为着在他身上归荣耀给神，正
如主也说道："你们的光也当这样照在人前，叫他们看见你们的好
行为，便将荣耀归给你们在天上的父。"（太5:16）

10.（1）"过了十四年，我同巴拿巴又上耶路撒冷去，并带着
提多同去。"（加2:1）好像有额外的见证为他代求，因为他按名字
提到他们。③ （2）"我是奉启示上去的。"（加2:2）为了让他们不会
疑惑，例如，他很长时间都不上去后，那时上去的原因；如果是启示
命令他上去的，那么他那时上去是正确的。（3）"把我在外邦人中
所传的福音，对弟兄们陈说，却是背地里对那有名望之人说的。"
（加2:2）他背地里对教会领袖说福音（那时他已经在外邦人中公
开地传它）的这件事，并不是因为他说过什么假话且现在背地里把

---

① 虽然林前15:31的拉丁语经文是不明确的，它可以指也可以不指"我因你的荣耀起
　誓"，但希腊语原文中的语词νή［起誓］清楚表明保罗的确发了誓，正如奥古斯丁在
　《主的登山宝训》1.17.51和《论基督教教义》3.4.8所解释的。
② 见佩拉纠的《〈加拉太书〉注疏》1:22："那些犹太人出身的弟兄有分开的教会，他们
　没有与外邦人出身的弟兄合并在一起。"
③ 不但在耶路撒冷那些人面前，也在他写信给他们的那些人面前。见《〈加拉太书〉
　注疏》10.6。

真相告诉特别的几个人而做出来的,却是因为,他曾对一些事沉默不语,它们超过外邦人还是婴孩的时候所能负担的。他告诉哥林多人,对这样的人他只曾喂奶,不曾喂饭。(林前3:2)(4)任何情况下说假话都是不被许可的,但是,对真相的某些方面保持沉默间或是有帮助的。然而,至于其他使徒们,对于他们来说,必须知道他是完全有资格的。①(5)因为,并非只要他是忠诚的且他持有的信仰既真实又准确,那他也可以是一名使徒。(6)他继续说道:"唯恐我现在,或是从前,徒然奔跑。"(加2:2)他这里体贴的不是与其背地里商议福音的那些人,而是他写信对象的那些人。我们从这点推断出,该会议说清楚了,他从前和现在都没有空跑,因为,他那些一点也没有与福音的真理不一致的事实,现在也被其他使徒的见证确认。②

11.(1)"但是与我同去的提多,虽是希腊人,也没有勉强他受割礼。"(加2:3)提多虽是希腊人,不会因习俗或父母关系而必须受割礼(这是提摩太的情况③),但使徒却毫不犹豫地允许他受割礼。(2)因为,他不是在教导救恩将被割礼侵占,而是说明,把你的盼望放在割礼上面,就远离了拯救。(3)因而他可以冷静地接受它,将它视为无关紧要之事,如他在别处所言:"受割礼算不得什么,不受割礼也算不得什么,只要守神的诫命就可以了。"(林前7:19)(4)"但因为有偷着引进来的假弟兄"(加2:4),就没有勉强

---

① 照字面意思是:他们必须明白"他的完整"(perfectionem ipsius),这本质上与他领受的福音不是"由人领受的",乃是从"耶稣基督的启示"来的(加1:12)这一点一致,所以他的福音就不可能以任何一种方式亏缺。见《〈加拉太书〉注疏》1.8,2.4—2.5,还有特别是12.4—12.5。

② 参见《驳福斯图斯》28.4:"因为,虽然他在主的升天后被来自天上的耶稣呼召,但如果他不曾亲自找到诸使徒并于他们讨论并比较他的福音从而可被认可为和他们属于相同的团体,教会会会完全地相信使徒保罗本人吗?"

③ 参见徒16:1—3以及奥古斯丁在同时期的《论说谎》5.8对这几节经文的解释:"虽然提摩太蒙召没有受割礼,但是,因为他由一位犹太人母亲所生,且有义务通过指出在基督教的教义中他不曾学习藐视旧律法的仪式来帮助他的亲人,他就被使徒行了割礼。"

提多受割礼。① 换言之,并没有提多非受割礼不可的理由。因为使徒说,那些"偷着引进来的假弟兄在窥探我们的自由",紧盯提多,迫不及待地看他受割礼。他们的目标就是用保罗本人的权威和应允来宣告,受割礼乃是得救之必需。他因此说,这是要"叫我们做奴仆",即是说,"将他们带回"奴仆的律法重荷下。(5) 保罗告诉他们:"我们就是一刻(即哪怕瞬间)的工夫也没有容让顺服他们,为要叫福音的真理仍存在你们中间。"(加2:5)②

12. (1) 更有甚者,他们严密观察令他们妒火中烧的使徒保罗,希望他因曾是教会的逼迫者而被视为疑犯。难怪保罗说:"至于那些有名望的,不论他是何等人,都与我无干。"(加2:6)(2) 因为属体人才看他们的"名望",但他们自身算不得什么。即便他们是神的忠仆,也是因他们身上尊荣的基督,而不是因他们自己。(3) 如果他们算得什么,那他们本当一直如此。但"他们是何等人"——他们以前是罪人的事实③——都与他无干。保罗说道,因为"神不以外貌取人"。那就是说,神在召人得救时并没有考虑他们的"外貌",没有"把他们的过犯归到他们身上"(林后5:19)。④

---

① 相比之下,佩拉纠把这节经文诠释为暗示提多被行了割礼,虽然他没有被"勉强"行割礼。

② 在他著作中的这里和其他地方奥古斯丁都没有提到对加2:5的不同读法,其中消极的读法("我们容让顺服")被省略。这种读法事实上为维克多瑞和安布罗修特所偏爱,他们指出保罗在提摩太的情况中(徒16:1—3)的确让步了。而耶柔米认为消极的读法对这节经文的意义来说是至关重要的。佩拉纠似乎保留了消极的读法。在这种多样性中,值得注意的是,佩拉纠是这些注疏者中唯一一个断定提多事实上接受了割礼的。

③ 这种诠释是典型的奥古斯丁式的,也的确是典型的保罗式的(比如见林前15:8—10),但大多数的注疏家认为保罗正在指的是彼得、雅各和约翰因他们与在世的耶稣的个人关系而享有的名望。这是佩拉纠的观点,根据下面的13.4,奥古斯丁本人没有采用这个观点令人感到奇怪。安布罗修特的诠释也属于他自己的典型:保罗正在用他自己正当的专业知识反衬"柱石们"对这种知识的显著匮乏。

④ [译注]意思就是说,其他使徒以前都是罪人,现在他们有了所谓的名望。但神拯救他们:一方面,在于他并不把他们以前是罪人时的过犯算到他们身上;另一方面,也不是因为神考虑了他们的名望。奥古斯丁表明,他们能得到救恩,只和神免了他们的过犯有关,不可能和他们有什么名望有关。

（4）因此，尽管那之前已被差作使徒的人不在场，保罗也因着主而变得完整。所以当保罗与他们商谈时，他们没有什么可以加增到他的完整上，而是承认了同一位主——耶稣基督。他不以"外貌"取人，赐给保罗一个去服侍外邦人的使命，就如曾赐给彼得一个去服侍犹太人的使命一样。（5）因此他们在任何论点上都没有发现与他有什么区别；如果他们之间存在着区别，那么当保罗说他绝对完整地领受了福音时他们就当否认，而且要去加增他所缺乏的。"相反"（加2:7），他们没有谴责保罗福音的不完整，而是确认了他的福音的完整。（6）"就向我和巴拿巴用右手行相交之礼"（加2:9），换言之，他们共融为一个团契，而且因为这一共融就顺从主意：保罗和巴拿巴"往外邦人那里去，而他们就往受割礼的人那里去"，这些人被认为与不受割礼的人，即外邦人相反。（7）因为，保罗的意思也可以这样理解，即"相反"指人的群体，因此，那些有名望的人没有加增什么，而是与"我和巴拿巴"一致。他们就去受割礼的人那里，我们就去"相反的人"也就是外邦人那里，他们在割礼的立场上相反。为表示同意，他们"就向我和巴拿巴用右手行相交之礼"。

13.（1）保罗说"那些有名望的人是何等人[①]——他们过去是何等人与我无干"时，任何人都不得以为他在冒犯前辈。（2）因为，保罗的前辈是属灵人，也想抵拒那些属体人——他们看这些人的名望，却不看他们身上的基督。如果人们接受他们和保罗一样，曾被不"以外貌取人"的主从罪人中间分别出来并称为义，他们会感到非常欣慰。因为，他们寻求的是神的荣耀，而不是他们自己的荣耀。（3）但是，因为只要有人谈论出于肉体和骄傲的人们的过往生活，他们就会愤怒并把它视作一种冒犯，就假定众使徒会以相

---

① 加2:6下的拉丁语 Qui uidentur esse aliquid（对照加2:2, 2:9）的意思是模糊的，反映了保罗希腊语τῶν δοκούντων εἶναί τι［有名望的是何等人］的模糊性，并可以被诠释为一种冒犯。

同的方式抵触。（4）但是，彼得、雅各和约翰在使徒当中受到特别的尊崇，是因为主说："站在这里的，有人在没尝死味以前，必看见人子降临在他的国里。"（太16:28）六天之后，在一场关于他的国度的预示中，①主就在高山上向他们变了形象。（5）他们也不是真正的"柱石"，而是被"称为柱石"（加2:9）。因为，保罗晓得，智慧建造房屋，凿成七根而非三根柱子（见箴9:1），它或许也是指教会的合一——（6）因为数字七经常象征整全，正如福音书中所写，"那人必要在此世得着七倍"（太19:29，可10:30，路18:30），②就像在说"似乎一无所有，却是样样都有"（林后6:10），（7）在这方面约翰也写信给七间教会（启1:4），这明显代表教会全体。或者，它与其说是指柱石的数目，不如说是指圣灵的七重工，它包含使人有智慧和聪明、谋略和能力、知识和敬虔以及敬畏耶和华的灵（见赛11:2）——借着它们神子的居所，教会就成了一个身体（见林前12）。

14.（1）"只是愿意我们记念穷人，这也是我本来热心去行的。"（加2:10）所有使徒都参与看顾犹太圣徒中间的穷人，他们变卖田产房屋，把所卖的价银拿来，放在使徒脚前。③（2）因此，保罗和巴拿巴被派往外邦人那里，请求还没有这样行的外邦人教会去服侍那已行过的教会，正如保罗告诉罗马人：（3）"但现在，我往耶路撒冷去供给圣徒。因为马其顿和亚该亚人乐意凑出捐项给耶路撒冷圣徒中的穷人。这固然是他们乐意的，其实也算是他们所欠的债。因为外邦人既然在他们属灵的好处上有分，就当把养身之物供给他们。"（罗15:25—27）

---

① 太17:1—8，可9:2—8，路9:28—36。奥古斯丁混淆了主的胞弟雅各与西庇太的儿子雅各，安布罗修特在此也混淆了。在注疏同一节经文时，耶柔米也提到了耶稣的变形，但没有重蹈他们的错误。

② ［译注］和合本译为"百倍"。

③ 徒4:34—35。徒4:32—35深刻影响了奥古斯丁修院生活的观念。

15.（1）保罗在所有情况下遵守被视作公认风俗的事实——无论是应处外邦人还是犹太人教会——不意味他曾落入装假。[①] 不如说，他的目的是避免贬低当地习俗，对它们的奉行不会拦阻神国的成就。（2）他只是提醒不要把得救的盼望放在非本质的事上，虽然他本人也许敬重他们中间的某种习俗，以免软弱的人不适。[②]（3）正如他告诉哥林多人："有人已受割礼蒙召呢，就不要废割礼的记号。[③] 有人未受割礼蒙召呢，就不要受割礼。"（4）"受割礼算不得什么，不受割礼也算不得什么，只要守神的诫命就是了。各人蒙召的时候是什么身份，仍要守住这身份。"（林前 7：18—20）（5）当然，这是指生活中的那些习俗与情况，它不会以任何方式损坏人的信仰与良善品德。显然，如若一个人过去是个小偷，当他被召之后，他就不应再窃取了！[④]

（6）现在，当彼得来到安提阿时，他受到保罗的责备，不是因奉行犹太人的习俗——他就是在这一习俗中出生和成长的（尽管在外邦人中间他没有奉行），而是因他想勉强外邦人随犹太人的习俗。看到"从雅各那里来"（加 2：12，也就是从犹太来的，因为雅各掌管耶路撒冷教会[⑤]）的某些人后，彼得行了这事。（7）他们仍旧相信救恩以犹太礼法为基础，彼得害怕这些人，因此，他就退去与

---

① "落入装假"，采纳得到广泛证明的变形 in...simulationem，而非迪维亚克更难读的 in...simulatione。

② 参考林前 9：19—23 和《书信集》40.4—6。

③ 废割礼的记号：这事被一些希望完全希腊化的犹太人做过（如《玛加伯前书》1：11—15）。在这种情况下男人会接受一项将阴茎的包皮向前拉伸的手术，以覆盖割礼的伤疤。奥古斯丁的拉丁语版《圣经》的林前 7：18 清楚提到了这种手术过程。而且奥古斯丁自己在《论说谎》5.8 中暗示了这种过程。但是对奥古斯丁和保罗来说，最重要的是象征意义："割礼"一般代表犹太人的习俗。

④ 虽然这一注释可理解为对弗 4：28 的模糊回响，但最好简单地将它当作奥古斯丁的小幽默来欣赏。

⑤ 奥古斯丁也许试图抵制这样一种观点，即犹太派真正代表了雅各的意见，这个观点与异端叙马蒂安派（Symmachians）有关且在这里被维克多瑞接受，他指出雅各是他们的"权威"（auctor ad Symmachianos）。在《驳福斯图斯》19.17 中讨论《加拉太书》2：11—14 及相关议题的语境中，奥古斯丁提到了叙马蒂安派。

外邦人隔开了,并装假同意他们不得不背那些奴仆的重荷。十分明显,这才是保罗所要指责的。(8)因为他说的不是"你既是犹太人,若随外邦人行事,不随犹太人行事,怎么能守犹太人的习俗呢?"而是"怎么还勉强外邦人随犹太人呢?"(加2:14)保罗必须"当着整个会众的面"对彼得说出这点,以借着彼得的责备归正"全部会众"。(9)因为,暗中更正一个造成公共危害的错①是不顶用的。② 我在此还可以说,出于立命和爱心,彼得——主曾三次对他说:"你爱我吗? 你牧养我的羊。"(约21:15—17)——心悦诚服地为了羊群的拯救,而忍让来自一位下级牧者的责备。

(10)此外,正是在他的责备中,证明受责备一方更值得赞扬和更难以被效法。因为,容易看到你在别人身上要更正什么,并继续以斥责和批评来更正;不容易见到你自己身上当更正的地方,以及哪怕是被你自己更正;更不用说被另一个人,还是一位下级,且"当着全部会众的面"更正!(11)目前这一冲突树立了一个谦卑的伟大榜样,这是最具价值的基督徒操练,因为谦卑保存爱心。没有什么比骄傲更加迅速地侵犯爱心了。(12)因此,主没有说"你们当负我的轭,学我的样式,因我叫离世四日的死尸从墓中复活,还赶走人身上所有的污鬼和疾患",以及其他类似的事,而是说:"你们当负我的轭,学我的样式,因为我心里柔和谦卑。"(太11:29)

---

① 尽管维克多瑞在他对加2:11—14的笺释中重复和重点谈论了彼得的"罪"(peccatum),但奥古斯丁没有使用"罪"这个字而是仅谈到彼得的"错"(error)。他在这种情况下的这一选词有怎样的意义? 他是不是在有意地试图限制彼得的可责度? 虽然拉丁词error典型地指所讨论的道德过失是可宽恕的,但这种含义在目前情况下是可怀疑的。首先,奥古斯丁认为彼得出于害怕而行动(而不是比如说无知,《加拉太书〉注疏》15.7,重复了加2:12),而且对于奥古斯丁而言,害怕是爱的极端对立,而爱是基督徒行为的一种真正动力(见《〈加拉太书〉注疏》43.2—3)。其次,奥古斯丁不像耶柔米,没有试图回避强词(strong term)"装假"(simulatio)——保罗因彼得的行为而使用了这个词(加2:13),而是在《注疏》的前言中两次使用了这个词来强调它(《〈加拉太书〉注疏》1.4)。所以奥古斯丁虽然不像维克多瑞那样严厉地论断彼得的行为,但也没有对其轻描淡写。

② 佩拉纠的解释也类似。

（13）因为，前者是属灵实体的记号，^①而"心里柔和谦卑"，成为爱的防腐剂，这些是属灵实体本身。耽于肉眼和着迷世事者，当神迹使他们寻求对无形之事的信仰时，便被记号引向实体。

（14）于是，如果要勉强外邦人随犹太人行事的那些人，也曾学习彼得从主那里学习的（心里柔和谦卑），那么，至少就会被这位伟人更正的榜样吸引，去效法他，而不会断定基督的福音是他们义的某种工价了。（15）相反，"既知道人称义，不是因行律法，乃是因信耶稣基督"（加2：16），便是说，一个人行律法，只要他的软弱不是因他自己的功绩，而是因神的恩典而得帮补，就不会要求外邦人在肉体上奉行律法，而是晓得，外邦人能够因信仰的恩典而完全律法的属灵之工。（16）因为，"行律法"（就是说，如果人们将它们归与自己的能力而不是有怜悯的神的恩典），"没有肉身"（换言之，没人或者没有任何从肉体来思想的人）"将会称义"。（17）因此，当已在律法之下的那信基督的人进入信仰的恩典时，不是因为他们的义，而是为了成为义。

16.（1）目前，犹太人出于长期的骄傲称外邦的"罪人"，就像他们看见"弟兄眼中有刺，却不想自己眼中有梁木"（太7：3，路6：41）时，自己是义的。（2）使徒说"我们这生来的犹太人，不是外邦的罪人"（加2：15），就是随他们的用法。换言之，他们称外邦的"罪人"，纵然他们自己也是罪人。（3）因而，"我们这生来的犹太人"，尽管从来不是外邦的"罪人"，"连我们也——作为罪人^②——信了基督耶稣，使我们因信基督称义"（加2：16）。（4）现在，他们不会寻求称义，除非他们是罪人。或者，因为他们愿意在基督里面

① ［译注］奥古斯丁这里所说的"属灵实体的记号"就是指耶稣行的神迹，而"属灵实体本身"就是指"心里柔和谦卑"。神迹作为一种记号的作用就是将人们引向心里柔和谦卑的这个实体本身。

② 不像迪维亚克，他认为"罪人"（peccatores）这个词是《圣经》引文的一部分，我宁愿认为是奥古斯丁为强调而做的延伸。

称义,他们就犯罪吗?因为,倘若他们已经是义人,那么寻求不同的东西就一定犯罪。若如此,他说:"难道基督是叫人犯罪的吗?"(加2:17)(5)保罗的对头没有办法这么说,因为,他们尽管不愿意把福音交付给外邦人,除非他们受割礼,但他们信靠基督。为此,当他说"断乎不是",他不是和自己说,而正是和这些人说。

(6)再则,他拆毁夸口律法之工的骄傲——骄傲应该且本来就要被拆毁,免得信仰的恩典显得不必要(仿似他们相信,律法之工能够没有它而使人称义)。(7)倘若由于宣称律法之工甚至能够没有恩典而使人称义,以至于基督是"叫人犯罪"的,他就"重新建造了骄傲",因此,他就是"一个犯罪的人"。它可以受到这样一种立场的反对:"我素来所拆毁的,若重新建造,这就证明自己是犯罪的人。"(加2:18)(8)"那又怎样?因为过去你①反对你目前在建造的对基督的信仰,就'证明自己是犯罪的人'?"但他没有拆毁它,因为它不能够被拆毁。(9)而保罗过去实实在在地拆毁骄傲,而且继续拆毁它,因为它能被拆毁。(10)因此这人不是一个犯罪的人,他在力图拆毁某些真理后,接下来认识到它是真理且不能够被拆毁,抓住它好在它里面建造。不如说,他是一个犯罪的人,在拆毁某些错误后(既然它能被拆毁),重新建造"那错"。

17.(1)现在,他说他"向律法死了"(加2:19),从而不再在律法以下。但是,他是"因律法"向律法死了。他为何这样讲?一种解释是,他这样讲,因为他是犹太人,并且如他后面所说,领受律法作为一种"训蒙的师傅"。②(2)既然死亡因"训蒙的师傅"被引入,意料之中的结果就是"训蒙的师傅"不再必要,正如母乳喂养

---

① 大概保罗像是在被一名假想的谈话者提问。这是修辞性角色的一个例子,它在拉丁语中被称为"基础"(subiectio)或"保证"(responsio),在希腊语中被称为ὑποφορά[以发问方式对问题做出答复]。在《论基督教教义》4.7.13 和 4.20.39 中,奥古斯丁考察了保罗对这种角色的运用。

② 参考加 3:24—25 以及附于《〈加拉太书〉注疏》27.1 的对"训蒙的师傅"的注释。

婴儿的结果就是母亲的乳汁不再必要，你乘船回到故土后的结果就是船不再必要。另一种解释是，"因"从属灵的角度理解的"律"，他"向律法死了"，以便他不再以肉体的方式活在律法以下。（3）因为，正是以这种方式"因律法"，他才愿意他们"向律法死了"，他稍后告诉他们"你们这愿意在律法以下的人，请告诉我，你们岂没有听见律法吗？因为律法上记着，亚伯拉罕有两个儿子"等话（加4:21—22），从而因从属灵的角度理解同一个律法，他们就可以向律法的仪式死了。

　　（4）他接下来说："叫我可以向神活着。"他"向神活着"，就是在神以下；他向律法活着，就是在律法以下。于是，就一个人是一个罪人，即就他尚未从"旧我"中改变而言，他活在律法以下。①（5）他随着自己的生命生活，因此律法在他之上，没有完全律法的人就是在律法以下。"律法不是为义人设立的"（提前1:9），②就是说，它没有被强推以便在人之上。（6）他是在它之中的，而不是在它以下的，因为他没有随自己的生命生活，律法被推行以约束这种生活。我可以这样说：某种意义上，由于爱义而行义之人——他不以个人和流变的益处，而以共同和永恒的益处欣喜③——正活出律法本身。

　　（7）因此，律法没有施加在保罗身上，他说："现在活着的，不再是我，乃是基督在我里面活着。"（加2:20）因此，谁有胆说，把律法施加在保罗里面活着的基督身上？（8）没人敢说基督行得不义，因此当施律法制约基督。（9）既然他不能说基督仍在肉身活着（"肉身活着"的生命必死），他便说"我如今在肉身活着，是因信神的儿子而活"，意味着"基督"由于因信（见弗3:15—17）住在信

———————————

① 关于这个说法见罗6:6，弗4:22，西3:9。

② 佩拉纠对加2:19注释暗引了同一节经文。

③ 参考《书信集》140.68："骄傲者……因为一种虚空的晋升，而为他们自己个人的利益兴奋，却从众人公共的利益——神那里退缩。"

徒的"内在自我"中,而在信徒里面"活着",以便后来他可以借着眼见而使他确信,那时"这必死的被生命吞灭了"(林后 5:4)。①(10)再者,"基督在他里面活着",以及他"因信神的儿子而活在肉身"的生命,都不应归于他自己的功绩,而应归于神的恩典。为说明这点,保罗谈道:"他是爱我,为我舍己。"(11)如果不是为了罪人,那究竟是为谁而使他称义呢?这一位说他生为犹太人,成长为犹太人,还"为他祖宗的遗传更加热心"(加 1:14)。因此,如果基督为这样的人舍己,他们就是罪人。(12)他们不应说,他舍己是因为他们自己义的功德,不需要他为义人舍己。"我来,本不是召义人,乃是召罪人。"(太 9:13,可 2:17,路 5:32)无疑,出于该原因,他们就可能不是罪人。(13)因此,如果"基督是爱我,为我舍己",那么"我不废掉神的恩","义是借着律法得的。因为,如果义是借着律法得的,基督就是徒然死了"。换言之,基督无缘无故地死了,既然义借着律法在人中间是可以得的(就是说,借着律法之工,犹太人信靠它)。(14)但纵使保罗的仇敌也不会说"基督就是徒然死了",既然他们愿意被视作基督徒,因此,他们企图游说基督徒相信,义是借着律法之工得的,就是他们的过错。

18.(1)他正确地告诉这些人:"无知的加拉太人哪,谁又迷惑了你们呢?"(加 3:1)这类人从未取得进步,这样说不好,②但这类人厌恶他们曾经取得的进步,这样说成立。(2)"耶稣基督钉③十字架,已经活画在你们眼前!"换言之,他们见到基督耶稣失去他的"国"与他的"田产",④具体来说给了夺它和赶主的那些人。他

① 至于信心与眼见之间的对比见林后 5:7,这是奥古斯丁钟爱的一节经文。

② 尤其是按照太 5:22。对照《主的登山宝训》1.9.25。

③ 关于奥古斯丁的古拉丁语《圣经》的《加拉太书》3:1 有两个要点应被注意。第一点,类似维克多瑞、安布罗修特和佩拉纠,奥古斯丁也将这个词读作 proscriptus[禁止],并从专业层将它理解为公开地被判离境(甚至死刑)和没收个人的财产(没收是罗马统治者消灭他们敌人的一种手段)。第二点是,这个拉丁词本身有点模棱两可。

④ 对诗 2:7—8 的一次暗引。

们,为夺取基督的"田产"(指这些人,他借着恩典和信仰内住在他们里面),叫嚷那已认信基督的人后退——从基督借此得外邦人作基业的信仰的恩典,后退到律法之工。[①] (3)使徒想要加拉太人认识到这已发生在他们当中,这就是他说"活画在你们眼前"的原因。(4)"活画在你们眼前的",甚至还没发生在你们中间吗? 再者,当他说"耶稣基督被禁止",他还加上"在钉十字架后",以强烈地感动他们——只要他们考虑到,基督为正在他们身上失去的田产所付的赎价。因此,除了"基督就是徒然死了"(如使徒之前所说)之外,还要说点什么。(5)因为,那样说就像基督未曾获得他为之流血的田产。但当基督也被"禁止",他所持有的就遭掠夺。然而,这禁止不会损坏基督(他因其神性是万物之主),而是损坏田产本身,它被剥夺了他恩宠的看顾。

19.(1)现在,使徒就从这个要点开始说明,信仰的恩典对于称义来说如何已经充足而不在乎律法之工(见罗3:28),以防有人说,尽管他没有将一人完全的称义单单归因于律法之工,他也没有将它单单归因于信仰的恩典,而是断言,救赎由两者共同完成。(2)但为精心处理该问题,并避免被歧义误导,[②]人首先必须认识到律法之工有两个部分:[③]一些归入圣事,[④]其他归入道德。(3)归入圣事的是,肉身的割礼、周期性的安息日、月塑、祭祀,以及一切这种数不清的仪式。归入道德的是,"不可杀人,不可奸淫,

---

① 奥古斯丁对这节经文的诠释类似于维克多瑞的诠释:"因此,基督'被禁止',就是说,他的田产被掠夺和出卖——当然,这田产,存在于我们身上,因犹太教的说服力而被没收、出卖和失去。"

② 《〈加拉太书〉注疏》19 中的讨论被《论基督教教义》第三章尤其是 3.6.10 和 3.8.12—9.13 中对经文模糊性的讨论阐明并反过来阐明这些讨论。

③ 这样一种区分被教父广泛地接受,不管是拉丁的还是希腊的。根据奥古斯丁的观点,摩尼教徒因为没有认识到这种区分而犯错。

④ 在《书信集》138.1.7 中奥古斯丁如此宽泛地定义了圣事:"记号,当它们指向神性之物时,就被称为'圣事'。"(Signa, cum ad res divinas pertinent, sacramenta appelantur.)

不可作假见证"（出 20：13—14、16，申 5：17—18、20），等等。
（4）现在，使徒不可能不在乎一名基督徒是一名杀人犯、一名奸夫
还是纯洁和无辜的，如同他不在乎一个男子的肉身受了割礼还是
未受割礼。对不对？（5）因此，目前他主要处理这些中的后者，圣
事之工（虽然他指出，他有时也包括前者，尽管靠近信的结尾；①当
简洁处理圣事之工时，他分开且更详细地处理了道德）。（6）因
为，他宁愿这些重担（它们的作用在于它们的预表）不为外邦人设
立。因为，一切这些都要向基督徒解释，以便他们可以明白它们的
意义，而没有被强令奉行它们。

　　（7）然而，在仪式没有得到理解的情况下，它就是纯粹的奴
役，正如它以前是对犹太人的奴役，现在依然是。但如果它们得着
奉行和理解，它们不仅绝不是有害的，它们甚至有益处，只要它们
在适当的时间——正如当摩西本人和先知们奉行它们的时候——
它们就是有益的。既然它们适合那些人，对他们来说这样的奴役
作为一种使他们保持敬畏的方法仍然是有作用的。（8）因为，没
有什么像不被理解的圣事那样，使一个灵魂充满神圣敬畏。但是，
一旦得到理解，它就产生圣洁的喜乐，并得到人们自愿地举行，只
要它在必需的时间里。现今，倘若它不在必需的时间里，它就仅仅
出于精神上的享受而被人攻读和诠释。②（9）再者，每种圣事，一
旦得着理解，就要么涉及对真理的默想，要么涉及良善品德。
（10）对真理的默想单单建立在爱神的基础上，良善道德则建立在
爱神和爱邻舍的基础上（见太 22：37—39，可 12：28—31，路 10：
25—28），"这两条诫命是律法和先知一切道德的总纲"（太 22：
40）。于是，现在让我们看看，在信仰的恩典同在之处，肉身的割礼
和其他类似的律法之工如何便不再必要了。

---

① 在加 5：13 的开始。见《〈加拉太书〉注疏》43.2。
② 这就是说，它没有被真正地举行。"精神上的享受"源于认识到《旧约》是如何预表
了基督。

20.（1）"我只要问你们这一件：你们受了圣灵，是因行律法呢？是因听信福音呢？"（加3:2）必定是因听信福音。①（2）因为，使徒把信仰传给他们，而且必定是在那传讲过程中，他们感受到圣灵的降临与同在，正如当新人受邀信主时，圣灵的运行在可感知的神迹中显明，就像我们在《使徒行传》中读到的那样。②（3）而且，在专心于更改和割礼的那些人到达之前，这就在加拉太人面前发生。因此，其含义是这样的："如果你们的拯救在于那些律法之工，圣灵就不会赐给你们，除非你们受割礼。"（4）他于是说道："你们既靠圣灵入门，如今还靠肉身成全吗？你们是这样的无知吗？"（加3:3）（5）就是说，正如他之前在序中说的，"不过有些人搅扰你们，要把基督的福音更改了"（加1:7）。因为，搅扰与命令对立。再者，这命令包含从肉体上升到属灵之事，而不是像他们身上发生的一样，从属灵之事跌落到属体之事。（6）后者相当于从福音中后退，它并不是福音，即便它被传讲，因为它是糟糕的。

（7）"你们受苦如此之多？"（加3:4）到那时他们已为信仰受许多苦，但不是出于惧怕，仿佛他们还在律法以下。不如说，在这受苦中他们用爱心胜过惧怕，"因为所赐给我们的圣灵将神的爱浇灌在我们心里"（罗5:5），③而他们领受了圣灵。（8）"你们受苦如此之多，都是徒然的吗？"（加3:4）你们愿意背弃爱心（它曾在你们身上［in vobis］④表现如此之多），后退到惧怕（见罗8:15—17）："难道果真是徒然的吗？""徒然"就是不必要的，但是，不必要的东

---

①　"因'听信福音'"：或者更加照字面意义"因'信心的听见'"（ex auditu fidei）。加3:2中拉丁语fidei的属格，类似于原文中的希腊语πίστεως属格，也能够被理解为一种主观的属格，它指因为信心的进步。但在20.2中奥古斯丁明显把它当作了一个客观属格。

②　参见徒2:1—13,3:1—10等，并参考《上帝之城》22.5。

③　罗5:5在下面的44.4中被再次引用，并且在奥古斯丁的作品中总共被引用了超过200次。

④　在这里被诠释的就像奥古斯丁在下面的38.1—4中所诠释的相同经文。但是在此"在你们中间"也是可能的。

西,无益亦无害;但这个情况他们必须注意,免得他们一步一步毁坏。(9)因为,跌倒不同于上行;虽然他们尚未跌倒,但正倾向于跌倒。

(10)目前,圣灵显然仍在他们身上运行。正如他接下来说道:"那赐给你们圣灵,又在你们中间行异能的,是因你们行律法呢?是因你们听信福音呢?"(加3:5)(11)必定是因听信福音,如前所解释。于是,他援引我们的先祖亚伯拉罕的例子(加3:6—9),他在《罗马书》得到更加详细和清楚地讨论(见罗4)。(12)因为,亚伯拉罕最大的荣耀是,在他受割礼以前,他的信仰就算为义了(见加3:6[创15:6],罗4:3)。经上和他这点相关的是:"万国都必因你得福"(加3:8[创12:3,18:18])——这很恰当,就是说,仿效他的信仰,他甚至在割礼的圣事①前就因信称义了,他在一切律法的奴役之前就领受割礼作为信仰的印记,而律法是在很久之后才被赐下的。

21. "凡以行律法为本的,都是被咒诅的。"(加3:10)这里保罗愿意我们明白,"'受'惧怕而非情愿'的控制'",既然一定会对"凡不常照律法书上所记一切之事去行的"(加3:10[申27:26])给以直接的身体惩罚。你可以加上,他们也惧怕与身体惩罚相配的咒诅的恶名。(2)但是,"在神面前称义"的人(加3:11),无偿地崇拜神,即是说,既非由于从神那里获得任何东西(除了神本身)的一种欲望,也非由于失去任何东西(除了神本身)的惧怕。(3)因为,我们唯一真实的幸福与圆满②都在他里面,而且,既然他非肉眼可见,只要我们在肉身活着,我们就在信仰中崇拜着,如使徒之前说:"我如今在肉身活着,是因信神的儿子而活。"(加2:20)而这就是义。(4)想清楚这些后,他说:"义人必因信得生。"

---

① 见附于《〈加拉太书〉注疏》19.2 的关于"圣事"的注释。
② 奥古斯丁和鲁斯莱斯一起读作 perfectio,而不是和迪维亚克一起读作 perfecta(perfectio 也是《〈加拉太书〉注疏》最古老的现存手稿的读法)。

（加3：11）这里的中心问题是说明，"没有一个人靠着律法称义"
（加3：11），因为经上记着"义人必因信得生"。（5）因此，词语"律
法"用在这里的含义是"律法之工"，而且指的是受肉身割礼和此
类仪式辖制的那些人。靠着这些事情活得那么卷入律法，以至活
在它以下。（6）但是，为重复，他现在用词语"律法"代替"律法的
实际之工"，这可以从下面清楚地看出。因为，他说："律法原不本
乎信，只说：'行这些事的，就必因此活着。'"（加3：12[利18：
5]）（7）他没说："行它的，就必因它活着。"你们便可以明白，在这
节他用"律法"代替"律法之工"。① 现在，靠着这些事情活的必定
惧怕，倘若他们没有行这些事，他们就会遭受石刑，或十字架刑，或
类似的事。

（8）因此，他说"行这些事的，就必因此活着"，就是说，因此
得一个补偿：他不会因刑罚经受这样的死亡。但是那样的话，他的
补偿不是与主同在，因为，"因信"神而活的，当他离世后将会有神
作为此世的一个补偿。（9）因此，凡渴望或惧怕目前有形事物的
人，都没有因信而活着，因为，对神的信仰涉及死后赐下的无形事
物。因为，存在一种律法之工的义，它不是没有其补偿，以至于"行
这些事的，就必因此活着"。（10）在这一点上，他也告诉罗马人：
"倘若亚伯拉罕是因行为称义，就有可夸的，只是在神面前并无可
夸。"（罗4：2）因此，一件事是没有称义，另一件是没有"在神面
前"称义。② （11）根本没有称义的，既不遵行有一件此世补偿的
事，也不遵行有一件永恒补偿的事。凡因行律法称义的，没有"在

---

① ［译注］奥古斯丁想说明的是，保罗说的是复数的措辞"行这些事的"，而非单数的
措辞"行它的"，那这就与前面的单数措辞"律法"不一致，对此他提出的解释是，保
罗用单数性的词语"律法"代替了复数性的词语"律法之工"（works of law）。从单
复数的前后一致角度就可以理解奥古斯丁这里说了什么。其实整个的意思就是，
对于"没有一个人靠着律法称义"（3：11）这节经文，奥古斯丁认为保罗是用"律法"
代替了"律法之工"，因而这节经文意思就是，"没有一个人靠着律法之工称义"。

② ［译注］亚伯拉罕因行为而有可夸的，但这些行为在神面前并无可夸。

神面前"称义，因为，他期待从这些事中得此世和有形的补偿。（12）尽管如此，如我所言，（可谓）确实有一种俗世与肉体的义，因为，甚至使徒本人都称它为义，当他在另一节经文中说道："就律法上的义说，我是无可指摘的。"（腓 3:6）①

22.（1）因此，由于要赐给信徒自由，主耶稣基督没有严格按照字句遵行某些律例。（2）因此，当门徒们在安息日饿了，并掐起麦穗来吃时，他就回应那些反对者说，人子是安息日的主。（太12:1—8，可2:23—28，路6:1—5）因此，由于没有在肉体上遵行他们，他招致属体之人的敌意（inuidia），②并确实受到责罚——为不行这些事的人设立的责罚。但是，他的作为使已经信他的人从对这类责罚的惧怕中得到释放。（见伯2:15）想清楚这些后，使徒继续说：（3）"基督既为我们受了咒诅，就赎出我们脱离律法的咒诅，因为经上记着：'凡挂在木头上都是被咒诅的。'"（加3:13[申21:23]）对于以属灵方式理解它的人而言，这句经文是一种自由的圣事。③ 对于从肉体角度理解它的人而言，如果他们是犹太人，它是奴仆之轭；如果他们是异端分子或异教徒，它则是一张蒙蔽的面纱。④（4）再者，我们会众中的某些人，⑤对《圣经》学识浅陋，过度惧怕这节经文，且因当有的虔敬赞许古时经文——他们认为这不

---

① ［译注］这种区分意味着，在俗世和肉体的方面称义，似乎需要靠人自己的行为与努力，或这些是很重要的。但在神面前称义则只能靠信仰神的儿子实现。随之而来的一个问题：哪种称义更容易呢？如果说在神面前称义更容易和方便，那似乎降低了神的威严和等级；如果说在律法上的义做到无可指摘更容易，那就意味着"因信称义"比律法上的称义更难，这似乎又会削弱神恩的恩赐特性。

② 或"嫉妒"，如《〈加拉太书〉注疏》52。

③ 申21:23 是一种"自由的圣礼"，因为它是一个圣洁的记号，先知般地指示了基督释放人自由的手段。

④ 参考林后3:14—16。在那些曲解申21:23 的异教徒中，摩尼教无疑位于奥古斯丁思考的前沿。参考《驳一位摩尼教徒阿迪曼》21，《驳福斯图斯，一位摩尼教徒》14，《驳费利克斯，一位摩尼教徒》2. 10—11。（来自《哥林多后书》的相同形象在《驳福斯图斯，一位摩尼教徒》12.4 和其他地方被应用在摩尼教徒身上。）

⑤ 不仅是在希波的公教徒，因为福斯图斯也熟悉以类似这种方式思考的公教徒。参考《驳福斯图斯，一位摩尼教徒》14.1。

是指主,而是指叛徒犹大。他们说,经文不是"凡钉在木头上都是被咒诅的",而是"凡挂在木头上"的原因是,这里指的不是主,而是指用一根绳索吊死自己的那位。(见太27:3—5)但是,他们忽略重点,且未能看到他们的见解与使徒所说的相矛盾:"基督既为我们受了咒诅,就赎出我们脱离律法的咒诅,因为经上记着:'凡挂在木头上都是被咒诅的。'"(5)因此,那"为我们受了咒诅"的他,必定是挂在木头上的那位——基督。他使人们脱离律法的咒诅,使我们不再在惧怕中靠着律法之工称义,而是因信在神面前称义,这不是因着惧怕而是因着爱心才有功效。(见加5:6)(6)因为,当圣灵通过摩西说话时,它就以这样的方式为双方都预备了,即凡不能靠着对无形物的信仰活着的,可以靠着对有形责罚的惧怕而得到约束。而基督本人通过亲身担当使人惧怕之事,解除惧怕,并且(随着惧怕得到解除)赐下爱心的恩典。

　　(7)"挂在木头上"的那位"成了咒诅",也不能被认为是对主的一种羞辱。① 事实上,在他有死的方面,他被挂在木头上,但是,信徒们了解我们必死性的来源——它来自对初人之罪的责罚和咒诅,主将它们归给自己,并"被挂在木头上,亲身担当我们的罪"(彼前2:24)。(8)于是,倘若说"死亡受咒诅",没人会感到震惊,但是,除了主的死亡(通过死他就可以胜过死亡),还有什么被挂在木头上?② 相同的事情受咒诅就像它被胜过。(9)同样地,倘若说"罪受咒诅",没人会感到诧异。但是,除了旧人的罪,还有什么被挂在木头上? 主在肉身的死亡中为我们亲身担当旧人的罪。由于这个原因,使徒说神使他替我们成为

---

① 〔译注〕马丁·路德同样反对这句经文是对主的一种羞辱的观点(这种观点可能来自耶柔米)。参见马丁·路德:《〈加拉太书〉注释》,李漫波译,北京:生活·读书·新知三联书店,2011年,第102页。

② 〔译注〕这里"除了……"表示排除关系,用问句的方式表达"除了主的死亡,不再有什么挂在木头上"的含义。下面还有两个"除了……"句式,都是表示这种排除关系。

罪(林后 5:21),同时加上"在肉体中定了罪案"(罗 8:3)时,既不羞耻也不担心。(10)因为,"我们的旧人"不会"和他同钉十字架",正如同一位使徒在别处所言,除非在主的受死中,我们罪的形状被挂在那里,"使罪身灭绝,叫我们不再作罪的奴仆"(罗 6:6)。(11)也正是以这罪与死的形状,摩西在旷野将铜蛇挂在杆子上。(民 21:9)因为,正是因一条蛇的劝说,人被定了死罪。因此,把蛇挂在杆子上很适合作为死亡的一个标志,因为,主的死就以那个形状被挂在木头上。

(12)但是,倘若说的是"受咒诅的是挂在杆子上的蛇",谁会对它不寒而栗?然而,蛇挂在杆子上预表主肉身的死亡——主已经亲身见证的一件圣事:"摩西在旷野怎样举蛇,人子也必照样被举起来。"(约 3:14)(13)没有人能够说,摩西这样行事也是对主的一种羞辱,因为摩西晓得十字架上的救恩是何等丰盛。因此,他举蛇作为一个标记的唯一理由是为了让凡被蛇咬而濒死的,一望这铜蛇就活了。(14)这是一条铜制的蛇,除了预表对主受难永不磨灭的信仰也没有其他任何原因。(15)的确,我们通常称永不磨灭的东西为"铜"。因为,如果人们遗忘基督为人舍命,并使它消失在时间长河中,那么,他们就会实实在在地死。但如今,像铜一般,对十字架的信仰永不磨灭,以至于纵然有人离世,其他人出生,但他们仍然发现这巍峨的信仰不可磨灭,借着默想他们就活了。(16)因此,倘若他以死亡胜过死亡,又以罪胜过罪,又以蛇胜过蛇,以咒诅胜过咒诅,便没有什么稀奇。不仅那样,而且死亡受咒诅,罪受咒诅,蛇受咒诅,这样一切的事都在十字架上夸胜。(见西 2:15)(17)因此,"凡挂在木头上都是被咒诅的"。这样,因为基督使认信他的人不是靠着律法之工,而是靠着信仰称义,十字架的咒诅产生的惧怕得以解除,而赐给亚伯拉罕的福(他作为信仰的榜样而领受)产生的爱心仍为外邦人所存留。(18)他说"使我们因信得着所应许的圣灵"（加3：14），就是说，可以将圣灵中的爱心而非肉体中的惧怕，应许给那将信的人。

23.（1）在这方面他也提及某种人的文约，它必定比某种神的文约弱得多。他说道："虽然是人的文约，若已经立定了就没有能废弃或加增的。"（加3：15）① （2）理由是，倘若遗嘱人更改他的文约，它就不可能立定，因为它是由遗嘱人的死立定的。（见来9：16—17）再者，正如遗嘱人的死足以立定他的文约，因为他不再能更改决定，所以，神应许的不变性足以立定亚伯拉罕的基业，他的信仰算为义。（见加3：6［创15：6］，罗4：3）（3）因此，使徒说道，亚伯拉罕的"子孙"就是基督，"所应许的原是向他说的"（加3：16），也就是一切仿效亚伯拉罕凭靠信仰的基督徒。他将"子孙"解释为单数，指出神并不是说"众子孙"，而是说"你那一个子孙"，因为信仰是一个。并且，凡靠着律法之工肉体地活着的，不可能像因信仰而属灵地活着的一样称义。② （4）再者，他提出无法推翻的论证，即律法不曾也不可能在多年后以这种方式被赐下，以至于废弃向亚伯拉罕所说的应许。（见加3：17）因为，如果律法使人称义，那活在律法很久之前的亚伯拉罕就没有称义。（5）既然他们不能这样说，他们便只好承认，一个人不是因律法之工称义，而是因信称义。并且它也使我们认识到，一切在古时称义的，都因相同的信仰称义。（6）因为，借着相信一半是从前的事（即主的第一次来到），一半是往后的事（即主的再来），我们得救。但是，他们所相信的完全一致的事全部是往后的，即主的两次来到，圣灵向他们启示这些事以使他们得救。（7）因此，这里也有一句经文："亚伯拉罕欢欢喜喜地仰望我的日子，既看见了，就快乐。"（约8：56）

24.（1）一个问题难免随之而来。倘若信仰使人称义，且在

① 在《论基督教教义》4.20.39中奥古斯丁引用加3：15—22和4：21—26作为"非自主的类型"（submissa dictio）的例子。

② 换句话说，事实上信仰是唯一一手段，只有这一种在神面前称义的方法。

神面前称义的古代圣徒是因信称义,为何必须颁布律法?(2)使徒引入这个问题来讨论,他问道:"这样说来,律法是为什么有的呢?"(加 3∶19)(3)因为,问题来到了这里,于是回答开始。① 他说:"原是为过犯添加上的,等候那蒙应许的子孙来到,并且它②是借着天使经中保之手设立的。但中保不是为一面做的,神却是一位(加 3∶19—20)。(4)耶稣基督照着他的人性称为"中保",③这一点变得更清晰,当同一位使徒说:"因为只有一位神,在神和人中间,只有一位中保,乃是降世为人的基督耶稣。"(提前 2∶5)④(5)因此,神和神之间不可能有中保。因为神是一位,并且"中保不是为一面做的",一位中间人意味着若干当事人。再者,尚未从对神的默想中堕落的天使们无需一位中保来使他们复和。

(6)同样地,已经因主动过犯堕落的天使们(没有谁鼓励他们),不是因一位中保而复和。因此,凡因骄傲的中保——撒但怂恿他骄傲——堕落的,依然因谦卑的中保——基督敦促他谦卑——兴起。(7)因为,如果神子本想与父保留本性的平等,而未曾"虚己,取了奴仆的形象"(腓 2∶7),他不会是"神和人中间的中保",因为,三位一体自身是一,具有相同神性的永恒和平等,它没有改变地存留在三位中:父、子和圣灵。(8)因此,神的独生儿子成为"神和人中间的中保",那时神的言、与神同在的神都放下自己的威严至人的水平,并将人的卑微升至神的水平,以便他——一

---

① 关于如何给这节经文加标点的观点,奥古斯丁后来做了修正。见《订正录》1. 24(23). 2(关于古代的标点法见附于《〈加拉太书〉注疏》56. 11 的注释)。

② 在奥古斯丁的拉丁语版本中,"它"的先行词是"子孙"。很晚以后,在参考其他远古手稿,尤其是希腊语的手稿后,他认识到他的拉丁语版本是不准确的,以及"它"的先行词本该是"律法"。见《订正录》2. 24(50). 2。在奥古斯丁的拉丁语版本中,后面的"设立"本应是 disposita(佩拉纠如此)而不是 dipositum,或者,更好的是,ordinata(耶柔米和武加大本)。

③ 通过认为耶稣基督,而不是摩西,是保罗所指的中保,奥古斯丁同意绝大多数的教父注经家,如俄里根、维克多瑞、安布罗修特、耶柔米和金口约翰。

④ 对于成为对他而言的一节关键的基督论经文,这是奥古斯丁最早的引用(在下面63. 10 中它又再次被完整引用)。

个人因神而高于人——可以是"神和人中间的中保"。(9)因为，他是"比世人更美的"一位(诗 44:3[45:2])，以及"用喜乐油膏他，胜过膏他的同伴"的一位(诗 44:8[45:7])。(10)因此，由于基督谦卑自己①之前的启示，以及由于后来的福音，凡因相信而爱且因爱效法基督谦卑的，都医治好骄傲的悖逆以便与神复和。(11)但是，因为这相信的义不是由于业功，而是由于神的怜恤和恩典而赐给人的，所以，在主在人间生而为人以前，它一般不可获得。

(12)现在，"所应许的原是向亚伯拉罕和他子孙说的"预表一群子民，而不是少数人——这些人不能拯救一个民族，即便当他们根据启示分辨将来之事，因相同的信仰得救。(13)即便考虑到遍及全地——他从全地聚集教会，也就是天上的耶路撒冷，这些子民仍然寥寥无几，因为，路是小的，找着的人也少。(见太 7:13—14)自福音宣告以来，无论多少人已经能够出来，也无论多少人能够从直到地极的万国中出来，他们都被同归于一。这些子民，连同那因着对主的信仰(就是说，在他的两次来到前的先知性信仰)获得恩典的救赎之人(尽管寥寥无几)，充满了不朽之都最蒙福的圣徒之国。(14)因此，为一个骄傲的民族颁布律法，以便他们可以因他们的过犯谦卑(既然他们不能领受爱心的恩典，除非他们谦卑，并且没有这恩典他们就根本不能完全律法的训词)，以便他们可以寻求恩典，而非假定他们能够因他们自己的功绩得救(这是骄傲)，还以便他们不靠他们自己的能力与刚强，而靠着称罪人为义的一位中保之手，可以称义。(见罗 4:5)

(15)目前，正是借着天使，《旧约》的一切制度得以施行。圣灵在他们里面活动，并且，虽然真理之道本身尚未道成肉身，却从没有离开任何正确的施行。(16)因为，正是借着天使(他们类似

---

① 借助转喻"谦卑"一词可以指代道成肉身。

先知,有时代表他们自己,有时代表神),律法制度得到适当地设立;又因为,律法显现疾病而没有带走它们,骄傲就在对过犯的控告中被拆毁。(17)"子孙借着天使经中保之手设立",以便他可以把那些人从他们的罪中释放出来。现在,他们因对律法的违犯,只好告白他们需要主的恩典与怜悯,以便他们的罪可以蒙赦,且可以借着他(为他们流宝血)在一种新生命中与神复和。①

25.（1）因为,对律法的违犯是打破这个民族里面骄傲的手段,这个民族夸口他们的祖宗亚伯拉罕,以他们本性为义而自夸。而且,他们越傲慢地标榜他们宣称出于割礼的业功,他们对外邦人的伤害就越大。现在,外邦人能很快谦卑下来,哪怕没有这类对律法的违犯。（2）因为,当福音的恩典找到他们,他们开始懂得②他们不能断言有任何来自他们家长的义——他们实在是偶像的奴仆。因此可以对外邦人说,尽管他们以为属于他们偶像崇拜的家长的义并不存在,但不可对犹太人说,他们先祖亚伯拉罕的义不存在。（3）因此,有话对后者说:"你们要结出果子来,与悔改的心相称。不要自己心里说:'有亚伯拉罕为我们的祖宗。'我告诉你们,神能从这些石头中给亚伯拉罕兴起子孙来。"（太3:8—9,路3:8)（4）但对前者说的是:"所以你们应当记念,你们从前按肉体是外邦人,是称为没受割礼的,这名原是那些凭人手在肉身上称为受割礼之人所起的。那时,你们与基督无关,在以色列国民以外,在所应许的诸约上是局外人。而且活在世上没有指望,没有神。"（弗2:11—12)（5）总之,在第一种情况中,显示悖逆分子已从他们自己的橄榄树上被折下来;在第二种情况中,显示信徒们已从一

---

① 参考奥古斯丁在《论三位一体》3.26中关于加3:19的说法:"所以主在那些过往的日子里常通过天使说话,而且通过天使、神的儿子,他会从亚伯拉罕的子孙中出来居于神人之间,正准备他的来到,准备找到人们通过忏悔他们自己的罪而接受他,因为已经通过他们不曾完全的律法定了他们的过犯。"

② 参考《拉丁语辞典》(*Thesaurus Linguae Latinae*)中praevideo[预见]条下。

颗野橄榄树上嫁接到它里面。（见罗 11：17—24）

（6）因此，前者的骄傲因对律法的违犯而受到拆毁，正如引用《圣经》上的话堆了他们很多罪后，他告诉罗马人："你们晓得律法上的话，都是对律法以下之人说的，好塞住各人的口，叫普世的人都伏在神审判之下。"（罗 3：19）——犹太人因他们对律法的违犯，而外邦人因他们没有律法的悖逆。（7）因此，他再次说道："因为神将众人都圈在不顺服中，特意要怜恤众人。"（罗 11：32）（8）这也是他这里要说的，随后他重开该议题："这样，律法是与神的应许反对吗？断乎不是！若曾传一个能叫人得生的律法，义就诚然本乎律法了。但《圣经》把众人（omnia）①都圈在罪里，使所应许的福因信耶稣基督归给那信的人。"（加 3：21—22）（9）因此，传律法不是为带走罪，而是将众人都圈在罪里。因为，律法显示，由于习俗蒙蔽，犹太人视作义的东西是罪恶的，当以这种方式谦卑下来后，他们开始认识到，他们的拯救不在于他们自己的手，而在于"一位中保之手"。（10）因为，首要的是，正是谦卑将我们从骄傲使我们倒下的地方召回。并且，这相同的谦卑适合领受基督的恩典，他是谦卑至高无上的榜样。

26.（1）任何人都不会如此不学无术，以至于在这个时候说："为何借着天使经一位中保之手设立的律法，对犹太人没有益处呢？"因为，它实在对他们有益——谁能说清有多少？（2）因为，哪个外邦人教会将他们所卖田产的价银放在使徒脚前，而成千上万的人却痛快地行了这事？②（3）大批悖逆分子也没有顾及，因为，在整个打谷场的很多地方，糠都比麦子多。（见太 3：12）再者，如

---

① 拉丁语中性词 omnia 反映了原文中的希腊语中性词 τὰ πάντα。关于使用中性而非阳性参考如下理解："在需要一个最宽泛术语的地方中性自然会被使用。"
② 徒 4：34—35。涉及在《论基督教教义》的 3.6.10—11 中源于《使徒行传》的相同经文，奥古斯丁说外邦教会没有行这种事是因为他们没有得到犹太教会得到的在律法之下的相同训练。

果没有指犹太人的成圣,为什么同一位使徒将如下的话说给罗马人听?(4)"我且说,神弃绝了他的百姓吗?断乎没有!因为我也是以色列人,亚伯拉罕的后裔,属便雅悯支派的。神并没有弃绝他预先所知道的百姓。"(罗 11:1—2)(5)再者,当他称赞帖撒罗尼迦教会高于其他外邦人教会时,他说,他们变得像犹太的教会一样,因为,他们为信仰在他们本地人的手上受了许多苦害,像犹太教会在犹太人手上受了苦害一样。①(6)也正是出于这个理由,他在我之前提到的一处告诉罗马人:②"因外邦人既然在他们属灵的好处上有分,就当把养身之物供给他们。"(罗 15:27)(7)因此,关于犹太人自身,他也相应地说道:"但这信仰还未来以先,我们被看守在律法之下,直圈到那将来的真道显明出来。"(加 3:23)(8)发现他们接近神,而且与神靠得如此之近(见弗 2:17),以至于他们变卖他们田产(正如主对那愿意做完全人说的[太 19:21])的这个事实就因律法成就,他们就被"看守"在这个律法之下,"直圈到信仰",即是说,直到信仰来到,它在"将来显明出来"。因为,他们的牢狱(conclusio)是对独一神的惧怕。(9)并且,发现他们是这个律法的违犯者的事实不足以损坏却足以有益于那信了的,因为,承认更重的病使他们不仅更切求医生,也更殷勤地爱他。(10)因为,得赦免多的,他的爱就多。(见路 7:47)

　　27.(1)"这样,律法是我们训蒙的师傅,③引我们到基督那

---

①　帖前 2:14。[译注]意思就是,保罗对帖撒罗尼迦教会的称赞其实也就肯定了犹太人的教会,因为他说帖撒罗尼迦的教会和犹太的教会有一定的相似之处。整个这一段都是在肯定律法的益处和犹太人的优点,犹太人因经过律法的训练,所以不管是在道德还是信仰上都具备一定的优势,尽管这一优势并不足以使他们脱离罪。

②　参见《加拉太书》注疏 14.3。

③　"训蒙的师傅"表示拉丁语 paedagogus(虽然不是没有困难),它又是音译自保罗口述的希腊词 παιδαγωγός。在古代这些术语指某种常见的奴隶形象,这种奴隶带儿童上学并监督他们的日常行为。当需要管教的时候,他们不会把戒尺丢在一边。因此在奥古斯丁这里,律法的"训蒙师傅"经常与害怕有关(例如见《信靠的福分》3.9)。至于稍稍提到奥古斯丁自己童年时代的"训蒙师傅",见《忏悔录》1.19.30。

里,使我们因信称义。"(加 3:24)换言之,"我们被看守在律法之下,直圈到那将来的真道显明出来"(加 3:23)。(2)"但这因信得救的理既然来到,我们从此就不在师傅的手下了。"(加 3:25)因此,他目前正斥责那要废弃基督之恩惠的,因为,他们仍想"在师傅的手下",好像叫他们得自由的一位尚未来到。(3)现在,他的陈述——"你们因信基督耶稣,都是神的儿子,你们受洗归入基督的,都是披戴基督了"(加 3:26—27)——意在制止加拉太人的绝望感,以及以为他们不是神的儿子,因为他们不曾在师傅的看守下。相反,正是由于因信"披戴基督",他们都成为神的儿子——不是由于本性(就像唯一的圣子一样,他实在是神的智慧①),也不是由于更高的能力或某种特有的形象,②而是一旦实现便自然表现和执行智慧的位格(persona)。③(中保本人就是这样的例子,他成为有神智慧的一位,这智慧以他的形象出现,没有任何中保介入。)不如说,我们因在这智慧中有份,以及对中保为它预备和铺平道路的信仰,成为神的儿子。(4)他把这信仰的恩典称作"披戴",因为那信基督的已经"披戴基督",并由此成为神的儿子和中保的弟兄。

28.(1)在这信仰里,并不分犹太人、希腊人,为奴的、自主的,男的、女的。既然你们受洗归入基督的,都成为一了。④(2)并且,倘若这是凭着信仰成就,凭着信仰我们今生行义路,那凭着眼见本身(见林后 5:7)成就的会有多完美和完全呢? 那时我们"面

---

① 参考林前 1:24。至于奥古斯丁对子作为神的智慧的思考尤其见《论三位一体》7.2.3—7.3.5。

② 即"属于人的本性"。"本性"(susceptio)自身用作道成肉身的省略语的其他例子包括《论信仰与经经》4.8,《论三位一体》1.13.28,以及《书信集》187.13.40。并参考下面 30.3 中涉及神子的"一种受造物的自然本性"(susceptionem creaturae)。

③ 拉丁语 persona 的原始含义——一位演员的面具——在这里的背景中也许仍隐约闪现。在这时术语 persona 还未取得它后来在诸如利奥的大卷(Tome of Leo,449 年)的基督论陈述中的那种专门的严谨。

④ 对加 3:27—28 和罗 10:2 的一种合并。

对面了"(林前 13:12)。(3) 因为,如今,虽然我们有"圣灵初结的
果子"(罗 8:23),①心灵因义而活,尽管身体因罪而死(见罗 8:
10),那分别,无论是民族、法律地位,还是性别,尽管确实已在信仰
的合一中消失,却依然存留在此世的生命中。这次序要在此世的
旅程②中遵守这点是使徒们的教导。就基督徒当如何在民族(犹
太人和希腊人)、地位(主人和奴隶)、性别(丈夫和妻子)的分别方
面共同生活而论,他们流传下来很有益的道理。它也是主本人的
教导,他之前说过:"凯撒的物当归给凯撒,神的物当归给神。"(太
22:21,可 12:17,路 20:25)(4) 因为,有些事我们在信仰的合一中
没有任何分别地遵守,而其他事我们在作为一段旅程的此世的次
序中遵守,"免得神的名和道理被人亵渎"(提前 6:1)。(5) ③并
且,这"不但是因为刑罚",以便我们可避免令世人不适,"也是因
为良心"(罗 13:5),以便我们没有假冒伪善地遵守那些事,像只在
眼前侍奉,而是出于清洁的爱心为神的缘故(见弗 6:5—7,西 3:
22—23,提前 1:5),"他愿意万人得救,明白真道"(提前 2:4)。

　　(6) "因为你们在基督耶稣里,都成为一了,"(加 3:28)他说
道,还加上,"但如果(在此我们应该停下,并提供语句'你们属乎
基督',④以便推出下文)就是亚伯拉罕的后裔。"(加 3:29)因此,
意思是这样:"因为你们在基督耶稣里,都成为一了。你们既属乎

---

① 通过"圣灵初结的果子"(primitiae spiritus),在将人全部的存在——体、魂和灵——
　献给神的过程中,奥古斯丁差不多确实把人的灵理解为首先献上的祭品。所以奥
　古斯丁在其他地方谈到了"我的灵的初结的果实"(primitiae spiritus mei,《忏悔录》
　12.16.23)。参考《〈罗马书〉章句》45(53).16—20,《论信仰与信经》10.23,以及尤
　其是《83 个不同问题》67.6。相比之下,安布罗修、安布罗修特和佩拉纠将这个说
　法解释为指圣灵的第一件礼物。至于将人的自然三分为体、魂和灵见刚才引用过
　的《论信仰与信经》中的段落。
② 奥古斯丁中年时代的属灵生命中最有特点的图画。
③ 在这部分奥古斯丁想到的是保罗在罗 13:1—7 中有关基督徒对内政官员的义务的
　论述。奥古斯丁在《〈罗马书〉章句》64(72)—66(74)更加全面地处理了保罗的这
　一教导。
④ 很明显在奥古斯丁的文本中,在"但如果"(si autem)之后,少了"你们是属乎基督
　的"(uos Christi)这句话。

基督,就是亚伯拉罕的后裔。"(7)因为,他之前已经说过:"神并不是说'众子孙',指着许多人,乃是说'你那一个子孙',指着一个人,就是基督。"(加3:16)(8)如此,这里他说明,那一个子孙,即基督,不但意味着中保本人,还有教会——他是教会全体之首。(见西1:18)所以,照着应许,万人借着信仰在基督里成为一了,并承受产业。直到信仰前他们都被看守如同在师傅的手下。换言之,直到信仰显明出来,这个民族被看守到适合的日子为止,那时,按他旨意被召的人(见罗8:28),就是谷场上找到的麦子(见太3:12),就被召得自由。

29.(1)因此,使徒继续说道:"我说那承受产业的,虽然是全业的主人,但为孩童的时候,却与奴仆毫无分别,乃在师傅和管家的手下,直等他父亲预定的时候来到。我们为孩童的时候,受管于世俗小学①之下,也是如此。"(加4:1—3)(2)现在,有人会问:照这个类比,犹太人怎么"是在世俗小学之下",既然他们受他们已领受的律法的指导,崇拜造天造地的独一神?(3)但是,这里也许有另一种处理手段:尽管早些时候(见加3:24),他把律法描述为"训蒙的师傅",犹太民族在他手下,但目前,他说到"世俗小学"类似"师傅和管家",在他们手下的外邦人是事实上的奴仆。因此,在他的童年时代,儿子——由于同一信仰而属于亚伯拉罕那一位子孙的子民,因为它是从犹太人和外邦人中间聚集而来——部分是在律法的"训蒙师傅"之下。(4)(换句话说,从犹太人中间聚集来的部分,)还有部分是在世俗小学之下,它受管于世俗小学之

---

① "小学"(elementa)这个术语有多种含义。例如它可以指物理元素(土、气、火、水),指它们构成的天体(特别是太阳、月亮和星星),或者指控制这些天体的恶魔的力量。在这里,奥古斯丁似乎主要从后两个方面来理解它(见下面32.14)。对比之下,耶柔米在提到这三种可能的意思后,选择用另一种方式解释"小学"为包括在律法和先知中的神的基本教导(《〈加拉太书〉注疏》4:3)。[译注]路德的理解更接近耶柔米而非奥古斯丁,他把世俗小学理解为律法,主要是礼仪律。见马丁·路德:《〈加拉太书〉注释》,第134—135页。

下,如同在"师傅和管家"的手下(换句话说,从外邦人中间聚集来的部分)。因此,不说"'你们'为孩童的时候,'你们'在世俗小学的手下",而说"我们为孩童的时候,我们受管于世俗小学之下",是使徒的现身说法。这不要被当作对犹太人(保罗从他们中间出生)的指涉,而是对外邦人的指涉,至少在这里,①将他自己和他受差派去他们那里传福音的那些人等同对他而言是合适的。

30.(1)因此,他说道,及至时候满足,神就差遣他的儿子,要把孩童赎出来,叫我们得着"儿子的名分",他们中的一部分曾在律法以下,像在"训蒙师傅"手下;一部分曾在"世俗小学"以下,像在"师傅和管家"的手下。他说:"神差遣他的儿子,为女子所生。"(加4:4)(2)依据希伯来语的用法,他说"女子"而不是"童贞女"代表"女人"。因此,经上提到夏娃时说:"耶和华神造成一个女子。"(创2:22)②这不表示她已与男人同房,既然没有记录她和男人同房,直到把他们赶出乐园后。③

(3)现在,由于神的儿子的一种受造物本性的形象,④使徒说"为女子所生",⑤因为,那为女子所生的,那时不是为神所生的,⑥但是,正是神使他们产生,就如他使一切受造物产生,⑦以便他们能

---

① 比如与加2:15相反,在那里"我们"却是指犹太人。

② [译注]和合本译作"耶和华神造成一个女人"。

③ 奥古斯丁的意思是,在拉丁语的日常用法中,mulier[女子]专指已经与男人交合过的女人,所以当它出现在加4:4时暗示了马利亚不是童贞女。femina[童贞女]这个词是对女人的泛称,并没有上述特别的含意。关于马利亚的童贞女之身也见前文8.5下的注释。

④ 在这里和下面的30.6,30.10,奥古斯丁都是在反对阿里乌派的如下观点:子不是和父一样的一种存在,而是在本质上属于被造的序列。奥古斯丁驳阿里乌派的努力在不久之前写下的一个段落中(《论信仰与信经》4.5—6)甚至更加明显:"那些人要被驱除,他们说子是一种被造物,虽然不像其他被造物。"

⑤ 关于"被造的"(factus)与"被生的"(natus)的意思相等,见奥古斯丁在《驳福斯图斯,一位摩尼教徒》11:4对罗1:3的注释:"有些拉丁语《圣经》用'是从大卫后裔生的'代替'是从大卫后裔生的',这不是对希腊语的死译,而是给出了相同的意思。"

⑥ "从神生的",见约1:13。

⑦ 即万物都是"被造的"。

这样所生。（4）他说"生在律法以下"，既因为耶稣受割礼，又因为照律法所说为他献祭。（见路 2:21—24）（5）他本该服从（他将要从中赎出那些由于某种奴役而被绑于他们的）律法之工，这没有什么可稀奇的，因为他也是服从死亡的一位，好赎出那因他们的必死性而被绑于死亡的人。（6）"要叫我们得着儿子的名分。"（加 4:5）他说到"名分"，以分别我们儿子的身份与神的独生儿子的身份。因为，我们是神的儿子是出于神的好意怜悯，而他生性是儿子，既然他是父之所是。①（7）他也没说"我们得到"（好像是第一次），而是"我们得着"（在"得回"的意义上），显示在因他我们是必死的亚当里面，我们也曾失去我们儿子的地位。（8）因此，前半句"要把律法以下的人赎出来"，与曾是"训蒙师傅"手下的孩童的人的释放有关，并涉及"生在律法以下"这个说法。（9）但是，后半句"叫我们得着儿子的名分"涉及之前的说法"为女子所生"。（10）因为，我们领受名分，因唯一的儿子没有藐视参与我们的本性——他"为女子所生"，以便他不但是独生儿子、没有任何兄弟，而且是在许多弟兄中做长子。（见罗 8:29）（11）换言之，使徒提出两个主题——"为女子所生""生在律法以下"——但逆序处理它们。

31.（1）现在，他为曾是"师傅和管家"（"世俗小学"）手下孩童的人增加一个解释，以免他们认为，他们不是儿子，因他们不曾在"训蒙师傅"的手下。他说："你们既为儿子，神就差他儿子的灵进入你们的心，呼叫'阿爸，父！'"（加 4:6）（2）他使用两个词以便第一个可以被第二个解释，因为，"阿爸"（abba）意味着"父"（pater）。现在应该指出，他使用两种语言的等价词并不累赘，而是讲究：这是因为既从犹太人又从外邦人中间召来的全部子民成为信仰的一体。希伯来语是为犹太人使用的，希腊语是为外邦人使用

---

① 阿里乌派声称，神子并不在本性上为"子"，而仅仅是因为儿子名分的恩典成为子。

的,而以这样一种方式,即两个不同的字表达同一个含义的事实,可表明相同信仰和圣灵的合一。(3)因为,讨论一个与犹太人和外邦人在基督里面的平安的类似问题时,他也告诉罗马人:"你们所受的不是奴仆的心,仍旧害怕;所受的乃是儿子的心,因此我们呼叫'阿爸,父!'"(罗8:15)(4)对他来说,希望使用圣灵的同在和恩赐向外邦人证明,他们属乎应许的产业,这是正确的,因为,外邦人只在主的升天和圣灵来临后才皈依基督。(5)另一方面,正如福音书的记载,尽管神的儿子仍在地上具有可朽的人性,犹太人便已开始相信。纵然他称赞迦南妇人(太15:28)与百夫长的信仰——主提到他说,在以色列没有遇见过这么大的信仰(太8:10,路7:9)。(6)但是,从主自己的言辞中可清楚看到,那时,福音是特别对犹太人传的。因为,在回答迦南妇人的恳求时,他说他奉差遣,不过是到以色列迷失的羊那里去(太15:24),并且他在差门徒时吩咐他们说:(7)"外邦人的路,你们不要走;撒玛利亚人的城,你们不要进;宁可往以色列家迷失的羊那里去。"(太10:5—6)

(8)再者,他称外邦人是另一个羊圈,那时他说"我另外有羊,不是这圈里的"——那是他说他要领他们来,"合成一群,归一个牧人"的羊群(约10:16)。但会是在什么时候,如果不是他得荣耀后的话?(9)现在,复活后,他也差门徒去外邦人那里,[①]即便他曾令他们在耶路撒冷等候,直到他将所应许的圣灵降在他们身上。(路24:49,徒1:4—1:5)(10)因此,当使徒说"神就差遣他的儿子,为女子所生,且生在律法以下,要把律法以下的人赎出来,叫我们得着儿子的名分"(加4:4—5)时,他仍然是要表明,外邦人不曾在律法之下,也仍然是同样的儿子名分的一部分。他教导这点是以圣灵的恩赐为根基的,这圣灵已赐给众人。(11)也是出于这个

---

① 即以相同的方式,如同在复活之前他派门徒去犹太人那里一样。见太28:19,路24:47。

原因,彼得在那信的犹太人面前就未受割礼的百夫长哥尼流的洗礼申辩道:"这人既受了圣灵,谁能禁止用水给他们施洗呢?"(徒10:49)(12)保罗早些时候也使用了同样有力的证明,那时他说:"我只要问你们这一件:你们受了圣灵,是因行律法呢? 是因听信福音呢?"(加3:2)稍后说:"那赐给你们圣灵,又在你们中间行异能的,是因你们行律法呢? 是因你们听信福音呢?"(加3:5)(13)因此,这里同样:"你们既为儿子,神就差他儿子的灵进入你们的心,呼叫'阿爸,父!'"

32.(1)因此显然可见,他正在谈论外邦人身世的信徒,这封信也是他写给他们的。(2)他说:"可见,从此以后,你们不是奴仆,乃是儿子了。"(加4:7)涉及他前面的陈述:"为孩童的时候,却与奴仆毫无分别。"(加4:1)(3)"既是儿子,就靠着神为后嗣"(加4:7),就是说,靠着神的怜悯而不靠对祖宗的应许,他不像犹太人,按着肉体为他们的后嗣。但是,他仍是亚伯拉罕的一位儿子,因为他仿效亚伯拉罕的信仰,并且,靠着主的怜悯,他配得这信仰的恩典。① (4)"但从前你们不认识神的时候,是给那些本来不是神的做奴仆。"(加4:9)(5)毫无疑问,既然他这个时候不是写给犹太人而是外邦人的,且没说"我们做奴仆",而是说"你们做奴仆",那上面所说的也是就外邦人而言的。这是很有可能的,因为,他们曾在"世俗小学"之下做奴仆,如同在"师傅和管家"的手下。(6)因为,那些"小学"本质上必定不是神,"虽有称为神的,或在天,或在地,就如那许多的神,许多的主;然而我们只有一位神,就是父,万物都本于他,我们也归于他;并有一位主,就是耶稣基督,万物都是借着他有的,我们也是借着他有的"(林前8:5—6)。

---

① 这个时候,奥古斯丁还主张神选择特定的人得救,是根据神对这些人信心的自由决志的预先知识,见《〈罗马书〉章句》52(60)。但奥古斯丁不久后就不再满意这一立场,认为这会威胁神圣恩典的主权(见《订正录》2.1[27].3),而当他不久后写作《致奚普里安》的1.2时,他认为人完全不配神的拣选,信心本身也是神的恩赐。

（7）现在，当他说"你们是给那些本来不是神的做奴仆"，他清楚地显示出，独一真神在本质上是神。因这名字三位一体在最忠实的公教徒的内心深处得着领会。（8）然而，早些时候，"那些本来不是神的"称为"师傅和管家"，因为，没有受造物。无论是仍留在真理中（因它归荣耀给神），还是没有在真理中立定（因它寻求自己的荣耀——我的意思是，没有受造物不为神的护佑服务，不论是情愿还是不情愿：情愿的受造物和神佑共同成就善好）。不过，借着不情愿善好的受造物，公义就这样发生了。（9）因为，如果称堕落的天使们以及他们的君王——撒但——为神佑的"师傅和管家"是不准确的，那么主就不会称撒但为世界的王了（约12：31），使徒权柄本身也不会为着更正的缘故使用他了，就像保罗在其他地方说道："我已经把他们交给撒但，使他们受责罚，就不再谤渎了。"（提前1：20）并在另一处他为着得救的缘故使用他，（10）当时他说："我身子虽不在你们那里，心却在你们那里，好像我亲自与你们同在，已经判断了行这事的人。就是你们聚会的时候，我的心也同在。奉我们主耶稣的名，并用我们主耶稣的权能，要把这样的人交给撒但，败坏他的肉体、使他的灵魂在主耶稣的日子可以得救。"（林前5：3—5）

（11）但是，王①只在立定的皇帝允许的范围内行事，且世界的"师傅和管家"只在主允许的范围内行事。（12）因为，没有什么对他是隐藏的，似乎他仅是属人的，而他是全能的，所以他掌管的"师傅和管家"，如果没有他对它的允许或了解，对于（相对而言）受管于他们的事什么也做不了。（13）不过，他们得补偿，不是因为公义借着他们发生，而是因为他们在其里面行事的灵。因为，神不曾否认他的理性受造物的自由意志，然而，他保留自己公义地管理不义的权能。（我们已在其他书籍中更加充分和更加广泛地讨论了

---

① magistratus，在这里是个专门术语，指一种掌管法律事务的内政官员。

这个主题。①）（14）因此，无论它是太阳、月亮、星星、天或地，以及外邦人崇拜的其他这类东西，还是鬼，都可以将它们正确地理解为在"师傅和管家"的手下。

33.（1）尽管这个时候，问题事实上已经解决，但由于下列所述它再度复杂起来。在整封信中，使徒说明，加拉太人的信仰单单被出自割礼的人②损害，这些人希望吸引他们在肉体上遵守律法，好像救恩取决于它们。然而，在这个地方，他似乎是对那愿意后退到外邦人的迷信的人说的。③（2）因为他说道："现在你们既然认识神，更可说是被神所认识的，怎么还要归回那懦弱无用的小学，情愿再给他做奴仆呢？"（加4:9）（3）既然他不是对行了割礼的，而是对外邦人讲的（这在整封信中明显看得出来），当他说"归回"时，他必定不是在说他们正归回割礼——他们从来没有行过割礼——而是"归回那懦弱无用的小学，情愿再给他做奴仆"。（4）我们只好将这节经文理解为与外邦人相关，因为，他先前已和他们说过："但从前你们不认识神的时候，是给那些本来不是神的做奴仆。"（加4:8）他显示，他们情愿归回奴仆，当他说：（5）"怎么还要归回那懦弱无用的小学，情愿再给他做奴仆呢？"（加4:9）

34.（1）再者，下文可被视为对该观点的确认："你们谨守日子、月份、节期、年份，我为你们害怕，唯恐我在你们身上是枉费了工夫。"（加4:10—11）（2）因为，外邦人的这个过犯是很普遍的：疑惑要采取哪条行事路线或者他们生活或生意的走向时，他们照

---

① 最著名的是在《论自由意志》一书中。
② 即犹太人出身的基督徒。
③ ［译注］就是说，本来论述的对象很明确，是针对犹太人的律法说的。但接下来的经文（指4:9）又好像转换到了是针对外邦人的迷信说的。在奥古斯丁看来，保罗认为福音当时面临两种威胁，一种是引诱外邦人守律法，另一种就是这里要讨论的唆使外邦人守他们以前的迷信（"懦弱无用的小学"）。

占星家和迦勒底人①的标示谨守日子、月份、节期、年份。

（3）但是，也许我们不需要与外邦人的过犯联系起来理解这节经文。我们不想显得轻率鲁莽地要曲解保罗写到别的事的原因——这个原因他从起头就着手处理并进行到最后。相反，让我们联系整封信中他清晰地勉励他们去防范的事来理解它。（4）因为，在他们对安息日和月塑，亚笔月②和七年（他们称之为圣安息③）肉体上的遵守中，犹太人也奴隶般地谨守日子、月份、节期、年份。（5）这些东西是将来事的影子，④如今基督已经来到，它们保留下来就像迷信，因为，不明白它们指什么的人遵守它们，如同它们是救世的。因此，它们就像使徒对外邦人说的："当你们⑤复又转向这类东西，你们摆脱之前的奴仆，归向'世俗小学'，这对你们有什么益处呢？你们已经被那些人引入邪路，他们尚未认出他们自由的时期和剩下的律法之工，他们从肉体理解它们。⑥他们也给节期做奴仆，你们也想再给节期做奴仆，和他们一起谨守日子、月份、节期、年份——甚至你们认信基督前你们就给这些东西做奴仆了。"（6）因为，显而易见，季节循环由"世俗小学"支配，那就是，天与地，以及星星的运动与结构。⑦（7）他说它们是"懦弱的"，因为它们由于它们的懦弱和不稳定的形式而起伏不定；⑧它

① 迦勒底人是天象学、占卜术，以及其他迦勒底（巴比伦）法术的行家。《圣经》在但5:1—11 提到了这种意义上的迦勒底人。
② 在这段时期，即古希伯来历法中的元月（希伯来语 Abib），人们都要纪念出埃及（出13:4,23:15,34:18；申 16:1）。它大致对应于三四月份。
③ 第七年叫圣安息（参考利 25:4）。奥古斯丁似乎混淆了圣安息年与《利末记》16:31（七十士本）中提到的"圣安息日"，这一天实际上是每一年的赎罪日。但他后来在《圣经前七书中的问题》3.55,89 讨论这些经文时就没有这样混淆。
④ 参考西 2:16—17，来 10:1。
⑤ ［译注］这个引号之内的"你们"指外邦人，"他们"指犹太人。
⑥ 自由的时代也在《旧约》中得到宣告。参考耶稣在路 4:16—21 中对《以赛亚书》的理解。
⑦ ［译注］奥古斯丁想说，由于节期就是由天体的运行和结构产生的，而这些星相学知识都属于世俗小学；因而，若外邦人遵守节期，其实就是在遵守世俗小学。
⑧ "形式"（species）是一个源于柏拉图的术语。

们还是"无用的",因为它们需要造物主以至高和稳定的形式存在。

35.（1）因此,读者选择两个意见中的一个看似更好的,只要他们晓得,迷信地遵守节期对灵魂造成如此的危险,以至于使徒这个时候补充道:"我为你们害怕,唯恐我在你们身上是枉费了工夫。"(加 4:11)（2）虽然这节经文在全世界的教会中得到了相当公开和权威的解读,但我们的会众中到处都是从占星家那里取得他们活动节期的人。①（3）再者,他们还毫不犹豫地提醒"我们"不要在他们称为"埃及的"②日子中的某天大兴土木。常言道:"他们不明白他们往哪里走。"③(4) 这节经文既然是被理解为和犹太人迷信的遵守有关,如果他们尽管愿意被称作基督徒却依靠历法操纵沉船生活的话,他们有什么盼望呢? 因为,倘若他们随犹太人的习俗,且谨守取自神赐给一个仍属肉的民族的圣书中的节期,使徒会对他们说:"我为你们害怕,唯恐我在你们身上是枉费了工夫。"

（5）然而,倘若任何人,即便一位望教者,被发现随着犹太人的习俗守安息日,教会都将哗然。（6）但如今,不计其数的忠实信徒④当着我们的面自信地告诉我们:"我决不在每月第二天开启旅程。"⑤（7）即便为叫他们不会动怒,我们要心平气和、面带微笑地制止这类事情也并不容易,而且害怕他们对这么荒诞的建议(如他

---

① 从这里直到 35 节结尾的讨论生动描绘了奥古斯丁对教牧的关心。
② 这些日子被认为是不吉利的。如 1 月 2、6、16 日,2 月 7、25 日,3 月 3、24 日,5 月 21 日,6 月 7、20 日,7 月 6、18 日,8 月 6、21 日,9 月 20 日,10 月 20 日,11 月 2、24 日,12 月 4、14 日。一个简短得多的列表:4 月 3、21 日,5 月 3 日,9 月 19 日,10 月 3 日。
③ [译注]意思就是这些人如果没有了占星家,就连走路都不会了。奥古斯丁以此来表现当时会众对占星术的依赖有多么严重。
④ fidelium,即已经受过洗的人。
⑤ 字面意思是:在朔日之后的某天(die post Kalendas)。

们看来)产生讶异感。① (8)嗐,犯罪的国民!(赛1:4)我们对罪恐惧,仅当它们是不常见的。当它们常见时,纵然它们也许很严重,并且使神的国度对犯了它们的人闭紧(见路13:22—30),即便神的儿子流宝血以清除它们,但由于不断见到它们,我们便一步一步默许它们,且由于不断默许它们,我们甚至一步一步去行它们中的某些了。我的主啊,愿我们不行我们曾不能制止去行的一切事!

36. (1)可是,让我们现在看看下列论述。应当承认,我们跳过了经文"现在你们既然认识神,更可说是被神所认识的"(加4:9)。(2)显然,使徒在这里希望他的表达方式也适合于人的弱点,以防神的话语好像只在《旧约》书卷中降到世人属世界的心思上。(3)因为,他订正他前面的说法"你们既然认识神"的事实,在任何方面都不会使我们不安。因为,显而易见的是,只要"我们行事为人是凭着信心,不是凭着眼见"(林后5:7),我们便尚未认识神。但是,这信仰正洁净我们,以便在恰当的时候我们也许能够认识他。(4)但是,如果他经过订正的说法,②"更可说是被神所认识的",照字面意义理解,则好像神在某个时间认识了某些他之前不认识的东西。③ (5)因此,它是一种比喻说法,正如我们当理解"神的眼睛"其实是他的爱,由于差他唯一的儿子为罪人死,他的爱就显明了。(见罗5:6—8)因为,我们通常对我们爱的那些人有种说法,即他们保持在我们眼前。④ (6)因此,保罗所说的"现在你们既然认识神,更可说是被神所认识的",也是约翰所说的"不

---

① 四分之一多个世纪后,奥古斯丁在《信、望、爱手册》21. 80中又全文引用了《〈加拉太书〉注疏》35.8,并且补充道:"有朝一日我终会明白,过度的担忧是否胜过了我,并使我说了不造就人的话。"

② "订正"(correctio)在古代的修辞学中是一个专门的术语,用来代表某种修辞的方法。通过订正,之前的说法被收回,并被一个看似更妥当的说法取代。

③ [译注]这样的话,就会对神的全知属性造成挑战。所以奥古斯丁接下来说这句经文是一种比喻说法,真正的意思是神爱我们。

④ 参考如《〈诗篇〉阐释》100. 5。

是我们爱神,乃是神爱我们"(约一4:10)。

37.（1）他于是说道:"要像我一样。"(加4:12)——我,尽管生为一个犹太人,却完全轻看那些属肉之事,既然我有属灵的分辨力。（2）"因为我也像你们一样":我是人。因此,以一种合时与得体的方式,他叫他们想起他们的爱心,免得他们将他视作仇敌。（3）他说"弟兄们,我劝你们,你们一点没有亏负我",就像说"因此,别以为我愿意亏负你们"。"你们知道,我头一次传福音给你们,是因为身体有疾病"(加4:13),换言之,"那时我正受迫害"。①（4）"你们为我身体的缘故受试炼,没有轻看我,也没有厌弃我。"(加4:13—14)因为,当使徒受迫害时,他们便受试炼,是否他们由于惧怕而弃绝他,还是由于爱心而拥抱他。（5）他说"你们没有轻看我,也没有厌弃我",就像说试炼有效一样,免得遭受与我共苦的风险,"反倒接待我,如同神的使者,如同基督耶稣"。

（6）因此,既然称赞他们属灵的事工,他便建议他们将它看作一个榜样,并不要跌入肉体的惧怕。他说道:"你们当日所夸的福气在哪里呢?那时,你们若能行,就是把自己的眼睛剜出来给我,也都情愿。这是我可以给你们作见证的!"（7）"如今,我将真理告诉你们,就成了你们的仇敌吗?"(加4:15—16)断乎不是!但是,他传的是什么真理,不就是他们不必受割礼?因此,看他继续说道:"那些人热心待你们,却不是好意。"(加4:17)换言之,那热心待你们的,想要在变得属灵之后的你们成为属肉的。这便是"不是好意"的含义。（8）他说"他们是要离间你们,叫你们热心待他们",换言之,仿效他们。不过,怎么仿效,不就是你们受奴仆的轭

---

① 耶柔米提供了一种关于"身体的疾病"的解释,这种解释同样把身体的疾病与保罗受的逼迫联系起来。不过他还列入了三种其他可能的解释:第一,"身体的疾病"指加拉太人的软弱,这就要求保罗以一种变得软弱的方式对加拉太人传福音,就像给婴孩传福音一样;第二,这种说法指保罗的相貌平平,甚至有点让人讨厌;第三,这种说法指折磨保罗的疾病,可能是经常性的头痛。大多数现代的注释者认为这必定指保罗某种身体的疾病,尽管他们无法在何种疾病上形成统一的意见。

挟制,就如你们曾经做过的一样?(见加 5:1)(9)他说:"在善事上常用热心待人,原是好的。"(加 4:18)因为,他想他们去仿效他,于是他补充道:"却不单我与你们同在的时候才这样。"因为,当他与他们同在时,他们愿意注目于他,他们必定要仿效这个他们那么爱的人。

38.(1)因此他说道:"我小子啊(无疑,这样他们会仿效他,如同仿效一位家长),我为你们再受生产之苦,直到基督成形在你们心里。"(加 4:19)(2)这是更代表母教会的发言,因为,他也在别处说道:"只在你们中间存心温柔,如同母亲乳养自己的孩子。"(帖前 2:7)(3)如今,基督因信"成形"在你们心里。(见弗 3:16—17)这样的一个人被召入恩典的自由,心里柔和谦卑(见太 11:29),不夸口行为的功绩(这无关紧要),而是由于那恩典而开始有其称赞之处。这样一个人可称作他"最小的",即他自己是被说"这些事你们既做在我这弟兄中最小的一个身上,就是做在我身上了"(太 25:40)的那一位。(4)因为,基督"成形"在接受基督样式的人的心里,而接受基督样式的,是因属灵的爱心与基督亲近的。(5)因此,他由于仿效而变成基督之所是,就他现阶段来说,这是理所当然的。① 约翰说:"人若说他住在主里面,就该自己照主所行的去行。"(约一 2:6)

(6)但是,既然人必须由他们的母亲怀胎以成形,因此,只要成形就必定包含临产的过程以出生,于是使徒的言论"我为你们再受生产之苦,直到基督成形在你们心里"也许令人烦恼,②(7)除非我们理解"生产之苦"是指痛苦的忧虑,它们使他"受生产之苦",以便加拉太人在基督的里面出生。并且,由于他见到搅扰他

---

① 奥古斯丁这里所说的阶段(gradus)是指"在恩典之下的第三阶段"(《〈加拉太书〉注疏》61.8,尤其参见 46.4—9)。
② 即使徒的话可能不好理解,因为这些话似乎打乱了读者原先知道的自然顺序:怀孕、胎儿的成形、婴儿的出生。

们的引诱的危险,他再"受生产之苦"。(8)现在,对他们的这般忧虑产生的担忧,会持续到他们满有基督长成的身量,并不再被一切异教之风摇动。(见弗4:13—14)由于这担忧,他说他某种意义上"受生产之苦"。(9)因此,当他说"我为你们再受生产之苦,直到基督成形在你们心里",他并不是指信仰的开端,因为他们已经出生,而是指它的刚强与健全。(10)他也用不同的话在别处谈及这些生产之苦:"还有为众教会挂心的事,天天压在我身上。有谁软弱我不软弱呢? 有谁跌倒我不焦急呢?"(林后11:28—29)

39.(1)然而,他马上补充道:"我巴不得现今在你们那里,改换口气,因我为你们心里作难。"(加4:20)这要如何理解,若非当他在一封信中称他们"儿子"时,也许他出于某种担心饶恕他们,即如果他们由于一种更严厉的指责而沮丧,他们便可能被那迷惑人的引诱去恨恶他,他无法抵挡那迷惑人的,因他现今不在他们那里。(2)他说"我巴不得现今在你们那里,改换口气",便是说,可以否认你们是"儿子","因我为你们心里作难"。因为,甚至现在家长习惯和败坏的儿子脱离关系,免得因他们心里作难。

40.(1)然后他补充道:"你们这愿意在律法以下的人,请告诉我,你们岂没有听见律法吗?"(加4:21)而律法关于亚伯拉罕两个儿子的谈论,不管怎么说都是容易理解的,因为,他亲口解释了该比方。① (2)当两约被预表,亚伯拉罕有两个儿子。(他在撒拉死后由后妻生的儿子与这里的预表无关。)(3)因此,许多读过使徒但不了解《创世记》的,以为亚伯拉罕只生了两个儿子。(4)使徒只提到这两个儿子的理由是,当预表这些事时,他只有这两个儿子。他接下来解释道,使女夏甲的儿子因为肉体上遵守的奴仆之

---

① 按照奥古斯丁的观点,摩尼教徒歪曲了这个比方以达到他们自己的目的。参考《信靠的福分》3.8以及《驳福斯图斯,一位摩尼教徒》22.30—32。

轭以及俗世的应许而预表《旧约》，那就是说，《旧约》的子民。既然挂心这些东西，又不盼望从神那里得到更多，他们便不被承认承受天上的产业。

（5）现在，以撒是自主之妇人所生的还不足以叫他预表做子嗣的《新约》子民——这里更有意义的是他凭着应许生的事实。[①]（6）因为，以撒原是可以按着一位使女或自主妇人的血气生的，就像亚伯拉罕和后娶的基土拉的儿子不是凭着应许而是按着血气生的。（创25:1—2）（7）以撒是凭着应许神奇地出生的，既然他的父母都已高龄。现在若有人从使徒很清晰的证明中获得信心，这两个儿子要作为比方理解，[②]并且还想在基土拉的儿子身上看到将来之事的某种寓意（因为，在圣灵的带领下，和这样的人有关的事件不会被无缘无故地记录下来），他也许会发现他们预表异端邪说和分裂分子。[③]

（8）他们的确是一位自主妇人的儿子，正如是教会的儿子，但他们是按着血气生的，不是属灵的凭着应许生的。（9）但如果是这样，他们也会被认为不属于产业，就是说，不属于天上的耶路撒冷。经上说这是"不怀孕的"（见加4:27[赛54:1]），因为，她很久都没有在地上生养。（10）她也被称为"没有丈夫的"，因为，男人遗弃天上的公义，跟随地上的事生活，就像地上的耶路撒冷是"有丈夫的"，因为它领受律法。（11）因此，撒拉——在与丈夫的房事方面，她在很长时间内是没有丈夫的，因为他知道她是不怀孕的——预表天上的耶路撒冷。（12）因为，诸如亚伯拉罕这样的男

---

① [译注]意思是，以撒预表《新约》子民的关键点不在于他是自主之妇人生的，而在于他是凭着应许生的。如果不是凭着应许生的，那即使自主之妇所生的也不足以承受天上的产业。所以关键不在于生母的身份和地位，而在于有没有神的应许。
② 这不是要否认他们在历史中的实存。参考《论说谎》15.26，《上帝之城》13.21，《创世记字解》。
③ 奥古斯丁在讨论加4:21—31时把基土拉的儿子加入进来，这和其他《加拉太书》的拉丁语注疏家都不同，这反映出奥古斯丁个人对非洲公教会受到摩尼教和多纳图派威胁的担忧。

子与女人同房,不是为满足性欲,而是为生养子嗣。①（13）现在,年老的亚伯拉罕也接近②不育了,以便神的应许可以赐予那面对彻底绝望的信者大的功德。③（14）因此,一旦坚信有生育责任的神的应许,亚伯拉罕在一个老迈的年纪,便接近他精力充沛时在房事上曾"遗弃"的那位。

　　（15）使徒没有别的原因用这些女人的寓意来诠释这一预言:"因为没有丈夫的,比有丈夫的儿女更多。"（加 4:27[赛 54:1]）既然之前在她的丈夫方面,撒拉也是"死的"（见罗 4:19）,而且他们未曾分离（16）那么,一个妇人是"没有丈夫的",另一个妇人是"有丈夫的",这是如何发生的呢? 若非亚伯拉罕曾将生育后代的任务从不怀孕的妻子撒拉转给能生养的使女夏甲?（17）然而,撒拉本人自愿地同意且将使女给了丈夫,以便他可以因她得子。（见创 16:1—3）因为,同一位使徒向哥林多人推荐的公义道理是从古就有的:"妻子没有权柄主张自己的身子,乃在丈夫;丈夫也没有权柄主张自己的身子,乃在妻子。"（林前 7:4）（18）因为,哪怕这一类的合宜之分（见林前 7:3）同其他合宜之分类似,归入它们的拥有者的权柄。没有欺骗这权柄的,就遵守了婚内忠诚的律法。④

　　（19）目前,以撒的年迈父母预表了,纵然《新约》的子民是一群新子民,他们和神以及天上耶路撒冷的同在的预定本身却是古

---

① 读者可能会对此感到怀疑,为此我们想想奥古斯丁后来的一段论述可能是有帮助的:"对情欲适当与正确的使用就不再是情欲。"（libido non est bonus et rectus usus libidinis,《订正录》2.22[48].2）
② "接近"而非"达到"。参考《上帝之城》16.28。
③ 人的功德是神赐下的。但注意,奥古斯丁在这里指那些已经信了的人。在他恩典思想变化过程中的这一阶段,奥古斯丁还不清楚信心本身在本质上也是神赐下的。他后来就承认自己的认识是错误的。参考《论圣徒的预定》3.7,也可以参见前面32.3以及那里对"信心"的注释。
④ 布莱特批判了奥古斯丁这里的逻辑:"这种思路的缺点是假定妻子可以转让对丈夫身子的权柄。如果撒拉不能将自己行夫妻之事的权利转让给（夏甲）,亚伯拉罕就没有责任或权利接近夏甲。"奥古斯丁被逼到这一困境很大程度上是因为他需要回应摩尼教徒对《旧约》中的男族长与女族长不道德的指控。

老的。(20)也正是出于此原因,约翰告诉帕提亚人:①"父老啊,我写信给你们,因为你们认识那从起初原有的。"(约一 2:13)(21)如今,教会中属肉的——异端邪说和分裂分子的来源——的确从福音中领受出生的机会,但是,属肉的过犯(他们成形在它们里面,又背负这些过犯)没有返回起初的真理,因此,他们是由一位很年轻的母亲和一位年老的父亲生的,没有凭着应许。(22)仅仅是由于真理的古老,主在《启示录》中才以花白头发的形象显现。(见启 1:14)(23)因此,这样的人以一种新式的属世谎言从古老真理的机会中出生。(24)因此,使徒说道:"我们是凭着应许做儿女,如同以撒一样。"(加 4:28)且正如以撒受以实玛利的逼迫,那开始属灵生活的,也正在受属肉的犹太人的逼迫。然而逼迫是徒劳的,因为经上记着说使女被赶离,且她儿子不可与自主妇人的儿子一同承受产业。(见加 4:29—30[创 21:9—10])(25)"弟兄们,这样看来,我们不是使女的儿女,乃是自主妇人的儿女了。"(加 4:31)因为,自由现在必须坚定地反对奴仆之轭,那引诱加拉太人守割礼的,便是由于奴仆之轭而专靠律法之工。

41.(1)现在,当他说"所以要站立得稳"(加 5:1)时,他表明了他们尚未跌倒,因为在那种情况下他更应该说"起身"。(2)他继续说"不要再被奴仆的轭挟制",这里他不愿他们受挟制的轭一定是割礼的轭,以及这类犹太人的律法,因为接下来是:"我保罗告诉你们,若受割礼,基督就与你们无益了。"(加 5:2)既然他是写信给那从来未曾做过犹太人的,目前我们该如何理解经文"不要再被奴仆的轭挟制"呢?(3)因为,他明确地请求他们不要受割礼。但是这里,我们之前争论的观点必定得到了表达和确认。(4)因为,在这节经文中,如果不是对他们有益他还有别的什么要告诉外邦

---

① 这是《约翰一书》是写给帕提亚人的这一传统观点的最早的存世证明。虽然在很多武加大本的手稿中也反映了这一传统,但学者们已不再相信这种观点。

人呢？他们由于对基督的信仰,已经从他们迷信的奴役中释放出来,而不同意再在肉体遵守的轭以下做奴仆？因为,虽然它是神的律法,它的条例却无意把一个属肉的民族捆绑得像奴隶一样。(5)他说道,他们"若受割礼,基督就与他们无益了",可他的意思是,若它按照他对手希望的去行——使他们把得救的盼望寄托在肉体的割礼上。(6)因为,实际情况并非基督与提摩太无益了,想想当那个年轻人已经是一名基督徒时,保罗亲自给他行了割礼。但是,他这样行以免他自己的同胞反感,[①]绝没有虚伪地行这事,而是由于漠不关心而行。他对此说道:"受割礼算不得什么,不受割礼也算不得什么。"(林前7:19)(7)因为,对那不相信得救取决于它的男人来说,割礼是完全没有害的。保罗也补充道:"我再指着凡受割礼的人确实地说他是欠着行全律法的债。"(加5:3)这里指的是寻求割礼如同它是救世的那些人。(8)他说到这点,以便至少加拉太人可以由于对记录在律法之工当中的无数条例的恐惧,只好行全它们,且远离他的对手希望用来使他们服从的东西。因为,正如彼得在《使徒行传》中所说(见徒15:10),犹太人自己和他们的祖宗都不能行全它们。

42.(1)他说道:"你们这要靠律法称义的,是与基督隔绝。"(加5:4)[②](2)这是他之前提及的禁止,那时他说,基督是被"禁止"的(加3:1)。[③]既然这禁止的结果是他们与基督隔绝——基督离开他们,就像离开他一直紧握的田产——律法之工进入田产,就像进入闲置的土地(tanquam in uacuam)。[④](3)但因为这损害是

---

① 参考徒16:3以及附于《〈加拉太书〉注疏》11.1的注释。
② 按照奥古斯丁的观点,摩尼教徒利用这节经文作为他们反对律法的主要经文根据。参考《信靠的福分》3.9。
③ 见《〈加拉太书〉注疏》18。关于奥古斯丁所理解的"禁止"的精确含义见附于《〈加拉太书〉注疏》18.2的注释。[译注]和合本的同章节中没有这个说法。
④ 闲置的土地指因为其主人已被"排斥"而不被人占据的土地。vacuus[无主的]是罗马法中的一个专门术语。

他们而非基督,他便补充道:"你们从恩典中堕落了。"因为,既然基督恩典的结果在于,凡欠着行全律法的债的可以摆脱欠债,而那对这样的恩惠不领情的,就情愿"欠着行全律法的债"。(4)这还没有真实发生,但因为他们的意志已经开始动摇,他就在许多地方说过,就像它已经发生了一样。他说:"我们靠着圣灵,^①凭着信心,等候所盼望的义。"(加5:5)(5)因而他表明了,正是我们靠着圣灵等候的事,而非我们肉体渴望的事,属于对基督的信仰。正是为着这样应许的缘故,奴仆(见加5:1)才被保留,如他在别处说道:"原来我们不是顾念所见的,乃是顾念所不见的。因为所见的是暂时的,所不见的是永远的。"(林后4:18)(6)紧接着他继续说"原来在基督耶稣里,受割礼不受割礼全无功效"(加5:6),以便宣告不在乎割礼,并说清楚在割礼中并没有任何有害的东西,除了盼望因它得救。(7)因此,他说道,在基督的里面,受割礼不受割礼全无功效,"唯独使人发生仁爱的信心才有功效"。并且他已经提到这点,因为律法以下的奴仆因为惧怕才有功效。

　　"你们向来跑得好,有谁拦阻你们,叫你们不顺从真理呢?"(加5:7)他说道。(8)换言之,如他之前说的:"谁又迷惑了你们呢?"(加3:1)他说:"这样的劝导不是出于那召你们的。"(加5:8)因为这样的"劝导"是属肉的,而那召他们的一位,乃是召他们得自由。(见加5:13)(9)现在,使徒提到这样的"劝导"是指他们受劝的内容,同时他称劝导他们的少数人为"酵"(加5:9),因为,和大批相信的加拉太人相比,他们的人数并不多。(10)现在,如果加拉太人接待和尊敬这样的劝导者,就像他们是义的和忠实的一样,他们就将接待"酵",且"全团"(即他们的全部教会)会由于肉体奴仆的堕落^②而"发起来"。"我在主里很信你们必不怀别样

---

① 或者灵。

② 在奥古斯丁的拉丁语版《圣经》中,加5:9中的corrumpit(经常被英译为leavens)暗示了败坏。

的心。"(加5:10)(11) 这一陈述说得相当清楚了,这样的劝导者
还没有控制加拉太人。"但搅扰你们的,"他说,"无论是谁,必担
当他的罪名。"(12) 这是一种搅扰:由于它,属灵的子民变成属肉
的,和命令对立。① 我们一定要认识到,有一些人,他们想劝导加拉
太人接受做奴仆,却看到他们被使徒保罗的权柄喊住,因此,他们
说,保罗本人同意他们的观点,只不过不愿公开向加拉太人承认
它。为此保罗关键性地补充道:"弟兄们,我若仍旧传割礼,为什么
还受逼迫呢?"(加5:11)(13) 因为,他仍然受这样的人逼迫,他们
争取劝导加拉太人,即便在那个时候之前这些劝导者似乎相信了
福音。(14) 他在另一个地方提到这些人,当时他说到"遭假弟兄
的危险"(林后11:26),并且在这封信的某一章节说:"因为有偷着
引进来的假弟兄,私下窥探我们在基督耶稣里的自由,要叫我们做
奴仆。"(加2:4)

(15) 如果事实上他一直在传割礼,他们就会停止逼迫他。目
前,使徒不愿那基督徒的自由已经向其宣告的任何人害怕这些人,
或者以为他本人害怕这些人,因此之前,怀着勇敢的信心,他甚至
公开说出了自己的名字:"我保罗告诉你们,若受割礼,基督就与你
们无益了。"(加5:2)这好似说:"听着! 仿效我,不要惧怕,或者,
倘若你们惧怕,让我作惧怕的原因!"(16) 现在,保罗的陈述,"若
是这样,那十字架讨厌的地方就没有了"(加5:11),重复了他之前
的话:"义若是借着律法得的,基督就是徒然死了。"(加2:21)
(17) 但是这里,既然他说到"讨厌的地方",我们就特别地想起犹
太人,他们被基督讨厌,因为他们经常证明他忽视甚至拒绝那些属
肉的律法(他们认为他们为着得救的缘故遵守它们)。(18) 因此,
保罗表达了自己,好似说:"犹太人没有理由令人讨厌地因基督拒
绝他们属肉的礼法把他钉十字架,倘若他钉十字架所为之人仍然

---

① 参考《〈加拉太书〉注疏》20.5。

能被劝导去遵守它们。"（19）并且，用很讲究的一语多义，他在咒诅①的外表下插入一个祝福，当他说"恨不得那搅乱你们的人，把自己割绝了"（加 5：12）时。（20）他说道，不但是"割包皮"，而且是把他们自己"割绝"了。如此，他们会为着天国的缘故（见太 19：12）变成阉人，并停止播种属肉的后代。

43.（1）"弟兄们，你们蒙召是要得自由。"（加 5：13）他说到这点，因为，叫嚷他们从属灵的事后退到属肉的事的搅扰正引诱他们做奴仆。（2）但是现在，他开始论述我说过他会在信的结尾论述的律法之工。② 毫无疑问，这些事工属于《旧约》，也属于《新约》，但在《新约》中它们指向一个不同的总归（end），③适合于那自由的人。这些是盼望永恒的奖赏和在信仰中等候的爱的事工。（3）犹太人的情况不是这样，他们被惧怕驱使着行它们——不是"洁净和存到永远"④的惧怕，而是使他们因为自己当下生活惧怕的惧怕。正因此，他们行了某些算在圣事中间的律法之工。然而，他们绝对不能行全与良善道德有关的事工，因为，这些只能通过爱心行全。（4）为免自己被杀而不杀人，没有行全义的诫命，因为杀人不义而不杀人才行全，即便你不仅能逃避人的惩罚，甚至还能逃避神的惩罚。

（5）因此，当大卫有如神助地可以将扫罗王置于死地时，他无疑本可以不受惩罚地杀他，因为，民众不会找他复仇。既然他们对他的爱是那么大，神也不会那样做；既然正是神说，扫罗交到你的手里了，你可以随意待他。（见撒上 24，26）（6）因此，正是因为他爱邻舍就像爱自己一样，大卫放过了不仅曾经逼迫他，而且将来要

---

① 在《驳福斯图斯，一位摩尼教徒》16.22 中，奥古斯丁指出加 5：12 不可能是一个真正的咒诅，因为罗 12：14 禁止咒诅。
② 见《〈加拉太书〉注疏》19.5。
③ 参考提前 1：5，奥古斯丁喜欢的一节经文。
④ 即对耶和华的敬畏。参考诗 18：10（19：9）。

再次逼迫他的那人。他宁愿扫罗被更正，而非被杀死。因为，大卫是《旧约》中的一个人物（a man in the *Old Testament*），但不是《旧约》的一个人物（a man of the *Old Testament*），因着对未来的基督产业的信仰得救——一个被启示和赐予宣召仿效的信仰。① （7）因此，现在使徒说"弟兄们，你们蒙召是要得自由，只是不可将你们的自由当作放纵情欲的机会"，即是说，别以为因为你们听见"自由"这个词，你们便可以免受惩罚地犯罪。（8）他说："但是，总要用爱心互相服侍。"因为，那用爱心互相服侍的人是自愿且没有苦恼的，他们用爱的行动（因为爱是被教化的）顺服神，而非惧怕（因为惧怕是被强力的）。

44. （1）他说："因为全律法都包在'爱人如己'这一句话之内了。"（加 5:14）（2）他说现在"全律法"都追寻和良善道德有关的事工，因为，当算在圣事当中的事工被自由人正确理解，且没有被奴仆们肉体地遵行时，必定也指爱神和爱邻舍的两条诫命。② （3）因此，主的话"我来不是要废掉，乃是要成全"（太 5:17），也应理解为和这点有关。因为，他将消除肉体的惧怕，但赐下属灵的爱心，只有它能成全律法。（4）因为，"爱③完全了律法"（罗 13:10）。并且，既然信仰求得圣灵，④借着圣灵"神的爱浇灌"在那行义的人"心里"（罗 5:5），无论如何，没人可以先于信仰恩典的善功为傲。（5）这样，使徒驳斥了那以律法之工夸口的，同时表明了，古老的圣事之工原是后事的影儿。（见西 2:17，来 10:1）他论证

---

① 在《驳福斯图斯，一位摩尼教徒》22. 66—67 中，奥古斯丁对大卫在信仰上的榜样做出了更进一步的说明。

② 太 22:37—40。参考可 12:28—31，路 10:25—28。

③ 在奥古斯丁使用的《圣经》版本中的罗 13:10（参考 45. 1 以下）中 caritas 和 dilection 似乎是同义词，表示"爱"。在其他地方奥古斯丁把 caritas 和 dilectio 都定义为"对应该去爱的事物的爱"（amor...rerum amandrum）（《83 个不同问题》35. 2），后来又把它们定义为"对善的爱"（amor boni）（《论三位一体》8. 10. 14）。

④ "求得"（obtains）即通过寻求和请求（正如动词"求告"所表明的），而不是通过行为赚取，参考 24. 14。奥古斯丁的意思可能要根据路 11:13 来理解。

了,对于自由的子嗣而言,后者不再是必需之物,因为主已经来了。但是,和良善道德有关的事工只能通过爱心成全,信仰通过它才起效。(见加 5:6)(6) 因此,如果某些律法之工在信仰后是迷信,某些其他律法之工在信仰前无关紧要,则义人会因信得生,[①]以至于既然由于基督轻省的担子(见太 11:30)而得力,他可以放下奴仆沉重的担子,并且,由于顺服爱心容易的轭,他可以不越过义的界限。

45.(1)但是,你可能问,在谈到律法的成全时,为什么使徒这里只提到爱邻舍? 同样地,当在《罗马书》中处理相同议题时,他说道:"因为爱人的就完全了律法。像那'不可奸淫','不可杀人','不可偷盗','不可贪婪',或有别的诫命,都包在'爱人如己'这一句话之内了。爱是不加害与人的,所以爱就完全了律法。"(罗 13:8—10)(2) 既然事实上爱只有通过两条爱神和邻舍的诫命才变得完全,那为什么在两封信中使徒仅提到爱邻舍? 除非是因为人们能在他们对神的爱上面说谎,因为它很少受到检验,但是,当他们恶待他人时,他们就会更容易被发现犯了不爱邻舍的过错。(3) 再者,由此可见,尽心、尽性、尽意爱神的人也会爱人如己,因为,他尽心、尽性、尽意爱的那位告诉他如此行。[②](4) 类似地,谁能爱邻舍——就是说,每个人——如己呢? 如果他不爱神,出于神的命令和恩赐[③]他才能成全对邻人的爱。(5) 因为两条命令都不能在缺少另一条的情况下完成。在义的事工的问题上,仅提到它们之一就够了,但是提到人更容易被发现在某一方面犯错的那条更好。

---

① 参考加 3:11(来 2:4),罗 1:17。
② 参考太 22:37—39,可 12:28—31,路 10:25—28。
③ 神的"诫命"向我们显明什么是当行的;神的"恩赐"使我们有能力将它行出来。参考《忏悔录》中的知名段落:"赐下你的诫命,指示你的心意。"(Da quod iubes et iube quod uis,《忏悔录》10.29.40 等)

（6）为此约翰也说："不爱他所看见的弟兄,就不能爱没有看见的神。"(约一 4:20)(7) 因为,当他们说他们爱神时,某些人是在说假话,但是,他们由于对基督徒弟兄的憎恨(一种在日常生活与品行上容易判断的憎恨)而被发现犯了没有它的过错。(8)他说道："你们要谨慎,若相咬相吞,只怕要彼此消灭了。"(加 5:15)因为首先,当他们恶语相加且各自寻求自己的荣誉和空洞的胜利时,正是这争竞和嫉妒的罪行为他们中间有害的争论添油加醋。如此分党的情绪通过撕裂团契消灭了一个人的团契关系。(9)但是,他们怎样才能避免这样的结果呢,除非他们"顺着圣灵①而行,就不放纵肉体的情欲了"(加 5:16)。因为,圣灵第一紧要的恩赐是谦卑和温柔。(10)正如我之前②引用的主的话所说的:"你们当学习我,因为我心里柔和谦卑。"以及先知的话:"我所看顾的就是虚心痛悔因我的话而战兢的人。"(赛66:2)③

46.（1）"因为情欲和圣灵④相争,圣灵和情欲相争,这两个是彼此相敌,使你们不能做所愿意做的。"(加 5:17)人们⑤认为,使徒这里否认我们有意志的自由抉择。他们不明白,这是对他们说的,如果他们拒绝专靠他们领受的信仰恩典,只有它能使他们"顺着圣灵而行,就不放纵肉体的情欲了"。因此,如果他们拒绝专靠

---

① 或"灵"。

② 《〈加拉太书〉注疏》15.12。

③ 奥古斯丁的《圣经》版本与武加大本和七十士本不同。

④ 奥古斯丁把这里的"灵"理解为人的灵,而非圣灵,就如在下面 47.1 中所显明的("那些人的'灵'"),并且这在《83 个不同问题》70 和《论节制》7.18 中得到证实。奥古斯丁通常把加 5:17 中的"灵"与罗 7:23—25 中的"心"(mens)相等同(参考如《论灵魂及其起源》4.22.36),且暗示在这里也是如此理解的(参考 46.7,47.1)。不过,大多现代的加 5:17 的诠释者都认为保罗说的是圣灵。

⑤ 特别是摩尼教徒。参考《驳福斯图斯,一位摩尼教徒》21 以及《论节制》7.18。关于奥古斯丁在驳摩尼教徒的语境中是如何使用"肉体的情欲"这个保罗式概念的,见William Babock,"Augustine and the Sprituality of Desire",*Augustine Studies*,Vol. 25,1994,pp. 179−199。

它,那他们就不能做所愿意做的。(2)因为,他们愿意行律法的义,但是被肉体的情欲胜过了,并由于顺着这情欲,他们放弃了信仰的恩典。为此,保罗也说给罗马人听:"原来体贴肉体的,就是与神为仇,因为不服神的律法,也是不能服。"(罗 8:7)(3)由于爱成全律法,而"肉体的智慧"通过寻求此世的惬意与属灵的爱心相争,"肉体的智慧"如何能"服神的律"? 就是说,它如何能甘心乐意地成全义且不与它相争? 因为,即便当它努力去如此行,它也必然会被胜过——它发现,通过不义比通过维护义能获得更多此世的惬意。

(4)人类生命的第一阶段是在律法之前,①那时没有恶事或恶意是被禁止的,并且人不在任何方面抵挡堕落的欲望,因为没有人制止它们。第二阶段是在律法以下、恩典之前,那时他的确被禁止犯罪,并力图不犯罪,但没有胜过,因为他没有为着神的缘故和义本身的缘故爱义,而是想以它获得属地的事物来服务他。(5)因此,当他一方面看到义,另一方面看到此世的惬意时,他被此世欲望②的重量牵引,于是放弃义。他只为得到惬意而一直力图专靠它,现在他看到,如果他专靠义,他会不惬意。(6)生命的第三阶段是在恩典以下,那时没有此世的惬意优于义。这点仅借着属灵的爱心才是可能的,主以他自己的例子教导并通过他的恩典赐予它。因为,即便肉体的情欲由于必死的身子而存在于生命的这个阶段,但它们没有迫使心志同意犯罪。

(7)因此,"罪不再在我们必死的身上做王"(参考罗 6:

---

① 在 46.4—9 中,奥古斯丁是在指从保罗那里衍生而来的一个图式。根据这个图式,信徒的一生被分为四个阶段,它对应于得救的历史的四个阶段:"在律法之前"(46.4),"在律法之下"(46.4),"在恩典之下"(46.6),"在……平安中"(46.9)。这个图式主要出现在奥古斯丁早期对保罗的诠释中。参考《〈罗马书〉章句》12 (13—18),1—13,还有《83 个不同问题》66.3—7。至于奥古斯丁以及他的先驱使用的这个和其他图式,参见 A. Luneau, *L'Histoire du salut*。

② 换言之,此世欲望被经验为某种引力般的力量。参考《忏悔录》13.9.10:"我的重担是我的欲爱。"(Pondus meum amor meus)

12）。虽然只要身体是必死的，罪就不可能不住在我们里面。首先，当"我们以内心顺服神的律"，即便"我肉体却顺服罪的律了"（罗 7:25），即不良习惯，①那时情欲因它而起（不过，我们不顺服它）。（8）但是以后，罪在一切方面被灭绝了，因为，"叫耶稣从死里复活者的灵，若住在你们心里，那叫基督耶稣从死里复活的，也必借着住在你们心里的圣灵，使你们必死的身体又活过来"（参考罗 8:11）。（9）因此目前，恩典以下的阶段必须被成全，以便我们做我们在圣灵中愿意做的（即便我们不能在肉体中做），就是说，我们不顺服罪的情欲，不致将"我们的肢体献给罪做不义的器具"了（罗 6:13），即便我们不能消灭情欲自身。因此，虽然我们还不在我们的每个部分变得完善的永远的平安里面，但是我们现在停止在"律法以下"，在那里心志犯有越界的过错，因为肉体的情欲引导它被掳去同意犯罪。但是，我们在"恩典以下"，②在那里"那些在基督耶稣里的，就不定罪了"（罗 8:1），因为，责罚不临到参加争战的，但临到在争战中被打败的。

47.（1）因此，他很合宜地补充道："但你们若被圣灵引导，③就不在律法以下。"（加 5:18）如此我们可以认识到，"在律法以下"的，"他们的灵和情欲相争，使他们不能做所愿意做的"（参考加 5:17）。换言之，他们无法在对义的爱里面不败，而是被与它们相争

---

① poenalis consuetudo［该责罚的瘾］可以用《致奚普里安》1.1.10 中的语言定义为"对快乐的上瘾"（adsiduitas uoluptatis），它会导致对"重复性的犯罪的……处罚"（poena frequentati peccati）。参考下面的 48.4.［译注］"肉体顺服罪的律"被奥古斯丁解释为，某些不良的习惯（或瘾）。有人知道什么是正确的（内心顺服神的律），但由于某种习惯或瘾而"顺服罪的律"。也就是说，奥古斯丁把"内心顺服神的律，肉体却顺服罪的律"具体解释为，一个人控制不住地因为不良习惯而犯罪，即便他内心并不想这样。

② "在律法以下……在恩典以下。"（见罗 6:14）

③ 或者"灵"（参考下面的 54.4，在那里圣灵被称作"领袖"）。

的情欲打败,①既然它不仅"与他们内心的律交战",而且"把他们掳去叫他们附从那肢体中犯罪的律"(参考罗7:23)。(2)由此可见,那不"被圣灵引导"的,被肉体引导。目前,一人定罪的原因不是与肉体相敌,毋宁说是被肉体引导。(3)因此,"你们若被圣灵引导,"他说,"就不在律法以下。"(4)因为,之前他的确说的不是"'顺着圣灵而行',你们就不会有肉体的情欲",而是"……就不放纵肉体的情欲了"(加5:16)。其实,如果我们由于保守在"恩典以下"是得胜的,那么完全没有情欲就不再是争战,而是争战的奖赏。(5)因为,仅当身体转化成一种不朽坏的状态时,才不会有肉体的情欲。

48.(1)然后他开始列情欲之事的清单,以便加拉太人晓得,一旦他们同意肉体的情欲去行了这些事,那他们就是被肉体引导而不是被圣灵引导。(2)"情欲的事,"他说道,"都是显而易见的,就如奸淫、污秽、拜偶像、邪术、仇恨、争竞、恼怒、忌恨、纷争、异端、嫉妒、醉酒、荒宴等类。我从前告诉你们,现在又告诉你们,行这样事的人必不能承受神的国。"(加5:19—21)②(3)现在,行这样事的人同意肉体的私欲并且决定行它们,即便满足它们的机会不可获得。但是,那因这样的情绪动摇却在一种更大的爱里面镇定下来的人,不但没有把他们的肢体献给情欲以至于不洁(参考罗6:13、19),甚至没有点头同意这情欲,所以没有行这些事,并因此"承受神的国"。(4)因为,罪不再"在他们必死的身上做王,使他

① 在47.1中直到这里的内容被奥古斯丁在《订正录》的1.24(23).2中评论和改正:
我是根据这样一种意义来……做出我的论述的,即我(把加5:17)理解为适合于那些在"律法以下的",而不是那些在"恩典以下"的人。因为直到那个时候,我都还未认识到这些经文也可以适用于那些在"恩典之下"的人,而不是在"律法以下"的人。因为他们也贪求与他们在灵所追求的东西相争的肉体的情欲,即便他们并不向这些情欲让步;如果可能的话,他们也不希望有这些情欲。因此,他们并不能做他们所愿做的,因为他们想要摆脱这些情欲却又不能。只有当他们不再有会衰朽的肉体之时,他们才不会有这些情欲。
② 奥古斯丁的清单与武加大本的清单不同。[译注]也与和合本中的清单不尽相同。

们顺从身子的私欲"（参考罗 6:12），即便自然的习性与我们自己生命结合的势力尚未灭绝，罪其实存在于这些同样必死的身上。因为，按本性我们生下来就是必死的，①并且由于犯罪，我们增加了从人类犯罪和定罪的起源中派生出的东西。②（5）一件事是不犯罪，另一件是没有罪。因为，罪不在其身上做王的人（换言之，不"顺从身子的私欲的"人）不犯罪。但是，这样的私欲在其身上完全不存在的人，不仅不犯罪，而且甚至没有罪。（6）尽管在许多方面，这在今生是有可能的，但我们一定不要在各方各面都希望它，直到肉体的复活和转化。

（7）当使徒说"我从前告诉你们，现在又告诉你们，行这样事的人必不能承受神的国"时，他的话可能使某人感到困惑而问道：既然他在这封信中没有告诉他们，那么他之前何时告诉过他们？（8）因此，要么当他事实上与他们同在时他告诉过他们，要么他得知致哥林多人的信引起他们的注意。（9）因为，那里他说："不要自欺！无论是淫乱的、拜偶像的、奸淫的、做娈童的、亲男色的、偷窃的、贪婪的、醉酒的、辱骂的、勒索的，都不能承受神的国。"（林前 6:9—10）

49.（1）于是现在，当他列出情欲之事（神的国向它们关闭）的清单，③他又继续列圣灵之事的清单，④他称其为圣灵的果子：（2）"圣灵所结的果子，就是仁爱、喜乐、和平、忍耐、恩慈、良

---

① 奥古斯丁是在指出堕落的人性与起初被造的人性间的区别：必死性就是这种堕落的后果。参考《论自由意志》3. 19. 54，《致奚普里安》1. 1. 11，《〈创世记〉字解》22. 33。必死性与罪有着内在的关系，它产生了一种对于身体的需要的不安感，并且之后产生了属地的情欲。参考《〈罗马书〉章句》38（45—46）. 7，42（50）；《83 个不同问题》66. 6；以及下面的《〈加拉太书〉注疏》61. 6。

② 关于"人类犯罪和定罪的起源"参考罗 5:12—21。

③ 参考路 13:22—30。

④ 或者"灵"。这种歧义性主要归因于保罗本人，但这种歧义性不应该被过分强调：我们对奥古斯丁基本意思的领会并不取决于我们对它的决定，因为对奥古斯丁而言"当人的灵与神的灵活动合作时"（Quando cum Spiritu Dei operante spiritus hominis cooperatur,《〈诗篇〉阐释》77. 8），圣灵之事才能够被成就。

善、信实、温柔、节制。"(加 5:22—23)他同时补充说"这样的事,没有律法禁止",以便我们晓得,"在律法以下"的人,就是这些事没有在他们中间做王的那些人。(3)现在,它们在那些人中做王,他们"合宜地使用律法",因为"设立律法"不是出于限制他们,他们更要紧和更强烈的愉悦是义。(4)因此,他也告诉提摩太:"我们知道律法原是好的,只要人用得合宜。因为律法不是为义人设立的,乃是为不法和不服的,不虔诚和犯罪的,不圣洁和恋世俗的,弑父母和杀人的,行淫和亲男色的,抢人口和说谎话的,并起假誓的,或是为别样敌正道的事设立的。"(提前 1:8—10)我们当了解,律法正是为后面这些设立的。(5)因此,上面列出的圣灵果子在人里面做王,罪就不在他里面做王。现在,倘若它们那样地取悦我们,以至于在试探之中他们的心志没有贸然同意犯罪,那么这些益事就做王了。[1](6)因为,我们必定根据更取悦我们的东西行事,[2]例如,在一位诱人的妇人的美满足我们的眼目并使我们接近奸淫的兴奋的时候。但是,倘若因着信仰基督的恩惠,内在美——贞洁的纯美[3]——更取悦我们,我们会根据那信仰生活和行事,不因罪在我们里面做王而行,以致我们顺从身子的私欲(参考罗 6:12),而因义做王(因着有大愉悦的爱心)而行。并且我们认识到,我们在爱里面行的事都取悦神。(7)现在,我愿意我对纯洁和奸

---

[1] 按照奥古斯丁的心理分析,每次犯罪由三个元素构成:建议,对建议感到兴奋以及同意这个建议。这三个元素的出场把每一次犯罪都变成了对人类最初堕落的一种象征性的重现。参见《主的登山宝训》1.12.34。

[2] 吉尔松评论道:"认为占优势的快乐废除了自由选择,这是一种错误的想法;相反,它正是自由选择的一个显现。引诱我犯罪的快乐不是某种添加在我意志上面、好吸引我的意志追求某种低级的事物的东西,而是我的内心在一种追求恶的活动中自发地表现出来的东西。恩典用对善的快乐取代了对恶的快乐,但这种快乐也不是一种与内在意志相对抗的力量,而是一种已经被改变和被释放的意志的自发活动,这种意志因此会全然地朝向神。当他快乐的对象就是自由时就是真正自由的。"Étienne Gilson, *Christian Philosophy of Saiut Augustine*, trans. L. E. M. Lynch, New York: Random House, 1960, p. 162.

[3] 参考在《忏悔录》的 8.11.27 中对节制的人格化描写。

淫的谈论对其他事情也有认识。①

　　50.（1）使徒在这封信和致哥林多人的信中都没有用严格一致的顺序和数目列情欲之事的清单的事实，②或者他曾以少数圣灵的良善与许多肉体的罪恶相敌的事实，或者他没有对立排列它们的事实，以便贞洁反对"奸淫"，纯洁反对"污秽"，等等，都不会使我们不安。（2）因为，当他使用术语"情欲"和"圣灵"警告我们必须从罪和对罪的惩罚中转移到主的恩典和义上时（以免由于离弃主为我们舍命的此世恩惠，我们不会进入主为我们得生的永远的安息之中，也免得由于不了解主认为适合克制我们的暂时惩罚——肉体的必死性，我们会落入永久的惩罚中），他不是尝试教导有多少件事情，而是尝试教导有多少类别的事情要避免，有什么类别的事情要以之为目标。（3）记录许多情欲的事后，他补充的"等类"充分说明，他不关心数字，而是以一种综合的方式谈论。（4）他对圣灵的果子也是如此说的。因为他没有说"这些事，没有律法禁止"，而是说"这样的事……"，就是说，这一类别中的这些或者其他事。

　　51.（1）然而，对那仔细思考这件事的人来说，这里肉体之工与圣灵之工的相争并不是混乱和不清楚的。可是，这件事实不为人知，因为，那相对较少的甚至单个的名目被设置与许多名目相争。（2）例如，既然他已把奸淫放在肉体罪恶的首位，并把仁爱③放在圣灵德行的首位，那《圣经》学者会不是着迷于考察其余的人吗？④（3）如果奸淫是与正当婚姻无关的性爱，⑤是在寻找满足性

---

① 奥古斯丁选择性欲作为他讨论的例子是有趣的，这不仅是因为《忏悔录》中所表现的他的个人经历，而且因为性欲在他后期著作中所占有的典范式的地位。
② 林前 6:9—10，它在前面的 48.9 被引用。
③ caritas。这一段的其他地方也可以这样理解，除了 51.3。
④ ［译注］意思就是，《圣经》学者会对两张清单上的其他事项是否有这样的对应关系很感兴趣。
⑤ 在《〈加拉太书〉注疏》中 amor 只在这里出现；中性的 amor 正与作为褒义词的仁爱（caritas）相比较。参考《〈加拉太书〉注疏》44 中开始的一个脚注。

欲的机会中见异思迁,那为着圣灵果子的缘故,什么婚姻像灵魂与神的婚姻那么正当呢?(4)并且,跟随神越坚定的,这人就会越纯洁。现在你是由于仁爱跟随神,因此,仁爱顺理成章地反对奸淫,贞洁仅被仁爱保守。(5)另一方面,污秽是被那奸淫激起的全部情欲;平和的喜乐反对它。目前,拜偶像是终极的奸淫——灵魂的奸淫。① 因为它,以盛怒为标志的战争曾经被发起,以反对福音以及那与神和解的。尽管偃旗息鼓了很久,这场战争的遗迹正再度活跃起来。②(6)因此,和平与这相反,由于和平,我们与神复和,③并且只要和平在民众中间保存,在我们中间的"邪术""仇恨""争竞""忌恨""恼怒""结党"的罪恶就被医治。并且,当我们见到它们在我们生活于其中的那些人的身上时,为使我们用适当的制止来处理它们,忍耐帮助我们接纳,恩慈帮助我们看顾,而良善帮助我们不断饶恕。(7)此外,信实抵挡异端,温柔抵挡嫉妒,以及节制抵挡醉酒和荒宴。④

52.(1)我们不要以为"嫉妒"和"忌恨"相同,即便它们是同义词,经常互相替换,或用忌恨替换嫉妒,或用嫉妒替换忌恨。(2)但是,因为两个都在这里提到,各有各的位置,我们就必须加以区分。⑤忌恨是两个人或更多人都想要,但只有一个人能得到的事物时,另一个人心中经历的不快。(3)"和平"医治这种情况,由于它,我们寻求使所有寻求和得到它的人合一的东西。而嫉妒是当一个不配得的人似乎得到你甚至没有寻求的事物时,你心中经历的不快。(4)"温柔"医治这种情况,当每个人诉诸神的判

---

① 在《耶利米书》《以西结书》《何西阿书》中拜偶像经常被比作为奸淫。奥古斯丁在《论基督教教义》2.23.35中讨论占卜也是某种奸淫。
② 这也许是对这段时期北非的基督徒与异教徒之间冲突复发的一种暗示。
③ 参考《〈加拉太书〉注疏》3.2。
④ 在同时期写下的第29号书信中,奥古斯丁讨论了在希波的教会的一次节日时的醉酒和荒宴问题。
⑤ 参考 Cicero, *Tusculanae Disputationes*, 3.9.20–10.21, 4.7.16–8.17(Pohlenz ed. 327.8–328.7, 368.27–369.23)。

断,并不抵挡他的意志时,人们便认为所发生的事是正确的,而不是认为其他人是不配的。

53.(1)"凡属基督耶稣的人,"他继续说,"是已经把肉体连肉体的邪情私欲同钉在十字架上了。"(加 5:24)(2)如果不是因为"洁净和存到永远的敬畏"(诗 18:10[19:9]),我们借以小心地不冒犯我们尽心、尽性、尽意爱的主,他们为什么把肉体"钉在十字架上"?① (3)因为,淫妇对她丈夫看守的惧怕与纯洁妇人对她丈夫离去的惧怕是不同的;因为,淫妇认为丈夫的同在令人沮丧,而对纯洁的妇人来说,令人沮丧的是她丈夫的缺席。(4)因此,一种惧怕是堕落的,且不愿意这个世界废去;而另一种是洁净的,存到永远。(5)先知正是选择被后一种惧怕钉在十字架上,当时他说:"我因惧怕你,肉就发抖。"(诗 118:120[七十士本])(6)这正是主谈到的十字架:"背起他的十字架来跟从我。"(太 16:24,可 8:34,路 9:23)

54.(1)"我们若靠圣灵得生,"他说,"就当靠圣灵行事。"(加 5:25)这确实说清楚了,我们按照我们所跟随的得生,同时我们会跟随取悦我们的。(2)因此,如果两者——义的诫命和肉体习性——显出是相反的,且它们都取悦我们,我们会跟随更取悦我们的。② 如果它们取悦我们的程度相同,我们就会两者皆不跟随,而是出于惧怕或勉强被拉近到其中一个或另一个;如果我们同等地惧怕它们,仿佛危险一样,我们就很可能会因为爱③与怕的轮流波动而总是辗转反侧。(3)但是,愿基督的平安在我们心里面得胜。(参考西 3:15)因为,那样他便不轻看痛悔的心的祭(参考诗

---

① 参考太 22:37,可 12:30,路 10:27。
② 参考《〈加拉太书〉注疏》49.6。
③ 迪维亚克读作不同的 dilectionis,而不是他更喜爱的 delectationis[快乐],dilectionis 出现在几个重要的远古手稿中以及莫尔会修士的版本中,它在整体上使得这个段落的思想和表达更加一致。

50:19[51:17])——求告神怜悯的右手①的帮助时我们发出的祷告和叹息——并且他为自己激发更多的爱以感激他使我们脱离凶险。(4)但是加拉太人步入歧途,因为,他们必定不能否认他们必须跟随圣灵,他们自由的捍卫者和带领者。然而,他们没有认识到,他们要在肉体的道路上后退到奴仆的事工。(5)因此他没有说"'我们若靠圣灵得生',就当跟随圣灵",而是说"……就当靠圣灵行事"。他们承认他们必须事奉圣灵,但是他们想要不靠"圣灵行事",而是靠肉体行事,因为没有以属灵的方式求神的恩典,而是把他们得救的盼望寄托在肉体的割礼以及其他这类事上。

55.(1)"不要贪图虚名,"他说,"彼此惹气,互相嫉妒。"(加5:26)(2)他现在说的简直精彩绝伦,他行的次序是不折不扣的属神的。教导加拉太人抵挡那引诱他们做奴仆的之后,他提醒他们——现在他们最好得到教导,并渴望对肉体的诽谤做出反应——以免他们由于争吵而恼羞成怒,并且,虽然没有作律法重荷的奴仆,他们却成为源于贪图虚名的无聊欲望的奴仆。

56.(1)现在,怎么处理别人的罪最能显出一个人是否属灵:他有在意释放而非侮辱另一个人吗?有没有帮助他,而不是口头伤害?他有没有全力支持他?(2)这就是使徒说"弟兄们,若有人偶然被过犯所胜,你们属灵的人,就当把他挽回过来"(加6:1)的原因。(3)因此,免得当他们事实上无礼地怒斥和轻看一个罪人甚至傲慢地藐视他无可救药时,他们以为在把他挽回过来,使徒便说道:"就当用温柔的心,又当自己小心,恐怕也被引诱。"(4)因为,对他们自己危险的思考最能使他们倾向于怜悯。所以,尽管他不想他们忽略弟兄之间的改正,但他也不想他们常常争论。(5)因为,警醒的时候,很多人想要争论,而如果制止他们争论,他们便宁愿沉睡。因此,通过思考这个普遍的危险,愿和平和仁爱保

---

① 即基督,参考罗8:34。

存在我们心里面！

　　现在，谈话是更加严格还是更显魅力，应取决于什么显得对于被更正者的得救而言必要。（6）因为，使徒也在另一章节中说道："主的仆人不可争竞，只要温温和和地待众人，善于教导，存心忍耐。"（提后2:24）（7）而且，万一有人从这点推断出他应避免劝诫另一个人，就看使徒补充了什么："用温柔劝诫那抵挡的人。"（提后2:25）（8）除非我们既仁慈，又在劝诫时加些苦药，否则怎么可能"温柔"，怎么可能"劝诫"？

　　（9）我也没见到如何解释他在同一封信中所说的话："务要传道！无论得时不得时，总要专心，并用百般的忍耐，各样的教训，责备人，警戒人，劝勉人。"（提后4:2）（10）"不得时"必定反对"得时"，并且，除非你开药得时，否则它没有任何效果。（11）因此，可以给这节经文加上标点，以便分成两个独立的句子：①"得时时总要专心，而不得时时责备人。"再把剩下的经文加上："并用百般的忍耐，各样的教训，警戒人，劝勉人。"在那种情况下，当你专心建造时，你被认为行得"得时"。但是，如果由于责备和拆毁，你看起来就行得"不得时"了（只要是从那受责备者的角度看为不得时的），你也不要担心。（12）因此，接下来的两个词可以看作呼应之前的两个短语："警戒人"与"得时时总要专心"对应，"劝勉人"与"不得时时责备人"对应。因此，接下来的两个短语也可以视为呼应，但是顺序颠倒："用百般的忍耐"，以忍耐你所拆毁的那些人的恼怒；"用各样的教训"，以带领你所建造的那些人的殷勤。然而，即便以一种更加熟悉的方式加标点（"得时时总要专心"，但如果你没有成功，那即便"不得时时也要专心"），都认识到你一定不能没有行得"得时"，并认识到短语"不得时"意味着，从那些不想听从

---

① 在古代，经文通常没有断句，它需要由读者提供。因而在《论基督教教义》3.2.2—5中我们发现奥古斯丁解释了怎样给《圣经》中模糊的经文断句。

劝诫的人的角度看,你似乎行得"不得时"。虽然如此,你当了解,这实际上对他来讲是"得时"的,并在一颗温温和和的、弟兄般的内心里面为他的福祉保守爱心与看顾。①

(13)因为,当许多人后来反思对他们的嘱咐以及他们如何应该接受它时,事实上他们已经更加严厉地批评他们自己。并且,尽管他们好像远离"医生"相当不安,但随着话语的力量浸入他们的心志,他们就渐渐得着医治。(14)当烙术或手术可以救他时,如果我们总是等候长坏疽的患者自己请求治疗,这便不会发生。(15)甚至身体的医生为地上的回报治疗病人时,都不会等它发生。这样的病人多罕见啊,他们曾在没有被绑住的情形下遭受刀割或火烙,而自愿被绑的病人更罕见!(16)在许多情况下,病人的整个躯体被绑,他的口舌几乎动弹不得。尽管他会反抗并惨叫道,他宁愿死,也不愿以这种方式被治疗。这并不是那捆绑病人的人想要的,或者,不是那挣扎中的病人想要的,却是技艺本身的要求。然而,医治者的心不受疼痛难忍的病人制造的喧嚣干扰,他的手也不会不动。②(17)另一方面,那开属天药品的,或者希望因为一根憎恨的"梁木"在他们弟兄眼中感受到"刺"(参考太 7:3—5,路 6:41—42),③或者希望见到一个正犯罪的人的死,而不是听到

① [译注]这一段主要说明,专心建造人肯定是得时的,而责备和拆毁人的过犯虽然在受责备的或不愿听从劝诫的一方看来是不得时的,但终归来讲还是得时的。这里"得时的"或可作"应该的"理解。它和前一段共同说明,以为不能劝诫别人是一种误解。

② 奥古斯丁在《上帝之城》22.8(依诺森的故事,奥古斯丁是作为亲眼的见证者叙述它的中),圣金口约翰在他的"关于从屋顶缒下的瘫子的讲道"(Homily on the Paralytic Let Down through the Roof)中,对古代的手术过程做了生动的描述。

③ [译注]意思大概是,因为自己憎恨的梁木而看到弟兄眼中的刺。如果自己没有那么憎恨,则弟兄眼中的刺就不存在。"开属天药品的"就是更正罪人的人,但因为奥古斯丁其实是要批评这种处理罪人的方式,所以是一种带有讽刺意味的说法。这个说法与 15 节中"身体的医生"对应。经过对比可见,奥古斯丁反而肯定了世俗医生果断手术的作为。

他口中说出气愤之词。① 如果我们用于医治另一个人的心的心和那些医生用于医治另一个人身体的手同样的健康,这样的事便不会发生。

57.(1)因此,如果没有首先检查我们自己的良心,通过内在的质问和作答——在神面前明确地——我们出于爱心行事,我们决不该从事谴责另一个人的罪的工作。(2)但是,如果你正在谴责的那位通过口中的辱骂、威胁甚至迫害你而破坏你的情绪,②纵然似乎仍能被你医治,你却不应以任何方式回应直到你首先得医治,免得你肉体的情绪可能引导你同意加害于他,并免得你因以恶报恶,以辱骂还辱骂,③把你的口舌献给了罪做不义的器具。④(3)因为,当你的情绪受损时,无论你说什么,都是雪恨的一种表达,而不是爱的更正的表达。(4)爱,并说你喜欢的话⑤听似一种侮辱的话绝不会是真正的侮辱,只要你清楚记得,你使用圣灵宝剑(参考弗6:17,来4:12)的动机是使人脱离罪恶的围堵。(5)但是,如果你偶然因着爱从事这样的行为(正如经常发生的那样),并以一颗爱心对待它,却因为你遭遇暗中的抗阻,使你的注意力从罪恶转移到遇阻而对那人本身产生敌意,而后你以泪水洗去这种尘埃,那么,对你来说必要和确实很有益处的是记住,我们不应傲慢地对其他人的罪不屑一顾,因为正是在谴责它们的行动中,当我们发现我们以自己的气愤回应罪人的气愤比以我们的仁慈回应罪人的苦恼更容易时,我们自己犯了罪。

---

① 奥古斯丁是在谈论两种不同但同样不健康的对待一名罪人的方式:一种以憎恨为标志,另一种以懦弱为标志。
② 大概是对太5:11的一种微弱的重复。
③ 对于"以……还……"参考彼前3:9。
④ 对于"把……献给……"参考罗6:13。
⑤ 这是奥古斯丁后来(以"爱,并行你喜欢的事"[Dilige, et quod vis fac]这样一种形式)变得声名狼藉的一句格言的最初形式,因为它被用来论证压制多纳图派教徒的正当性。关于这后一种版本,参见如《约翰一书论》7.8。

58.（1）"你们各人的重担要互相担当,如此,就完全了基督的律法"(加6:2),①特别是关于爱的律法。（2）但是,如果爱人如己完全了律法,且《旧约》也特别提倡爱人如己②（这同一位使徒在别处说道,全部律法的诫命都包在"爱人如己"这一句话之内了［参考罗13:8—10]),于是显然,那赐给先民的经卷也是基督的律法,他因着爱来完全律法,当它没有被惧怕完全时。（3）相同的经书和诫命,在它由于贪恋地上的利益而压迫奴仆时,被称作《旧约》,而在它升华自由的子民去渴慕永恒的益处时,就被称作《新约》。③

59.（1）"人若无有,"他说道,"自己还以为有,就是自欺了。"（加6:3）欺骗他的不是称赞他的人;不如说,正是他自己,因为,纵然对于自己他比他们更加敞开,他却宁愿从他们那里而不是他自己那里找自己。④　但使徒是怎么说的?（2）"各人应当察验自己的行为,这样,他所夸的就专在自己,不在别人了。"（加6:4）这就是说,所夸的内在于他自己的良心,而不"在别人",即不在他人称赞他的时候。（3）"因为各人,"他说,"必担当自己的担子。"（加6:5）那些称赞我们的没有因此使我们良心的"担子"减轻。甚至,我希望他们别在事实上加重了它们,因为我们常常要么没有做出某种有益的谴责,要么神气十足地向他们炫耀而不是表现坚定。

———

① 在和《〈加拉太书〉注疏》大约写于同一时间的《83个不同问题》71中,奥古斯丁详细地,并从大量的教牧认识的角度思考了这节经文。
② 参考利19:18。根据奥古斯丁(《公教徒与摩尼教徒的生活方式》1.28.57),摩尼教徒否认这种教导出现在《旧约》当中。
③ 就其对《旧约》和《新约》在本质上相统一的肯定来说,这段论述有强烈的驳摩尼教徒的色彩。
④ ［译注］可以这样理解,本来人应该自己更加了解自己,但他偏偏要从别人的称赞中来了解自己,更加在意别人的称赞,欺骗自己说,别人的称赞是正确的,尽管自己良心隐约感到不安。换言之,可以用别人的称赞来掩饰自己良心的不安,这也是一种自欺。

害怕由于冒犯,我们可收到的称赞变少。① (4)我越过人们为得到世人的称赞而在自己身上做出的装假和虚伪。因为,什么比无知更加黑暗?这无知力保一个人犯错以便取得绝对的虚荣,却轻看神,即心里面的见证。(5)当你企图以某种虚假的好处取悦一个人时(但实在由于一种真正的恶而不取悦神),好像认为你还不错的这个人的过错,确实要和你自己的过错以某种方式进行比较。②

60. (1)目前我认为其余部分是相当清楚的。因为,在神的话语上受教的,当把一切需用的供给施教的人。③ (2)的确,他们必须被勉励行善——即便现在出于服侍基督的需用——以便他们可以和羔羊一起站立在右手边。④ 因此,从信仰发生的爱心可以比从律法发生的惧怕在他们身上成就更伟大的事工。(3)这位亲手做工解决⑤生计(参考林前4:12),并拒绝为他供给的使徒(参考帖前2:9,林前9:1—18)最有权利自信地呼吁这点了,以便能以更大的权柄来指他自己做众人的榜样;与那接受供给的人相比,更是为那供给这些事的人的益处。⑥

61. (1)他接下来继续说道:"不要自欺,神是轻慢不得的,人种的是什么,收的也是什么。"(加6:7)使徒晓得信仰无形之事的人是如何在失丧者的讥讽之中工作的。(2)因为,这些人能看到

---

① [译注]例如,如果一个人在该谴责他人时,为了不得罪人而没有谴责,那么这就会加重他良心的担子,他会因为没有做应该做的事而内疚。
② 关于称赞的危险进一步参见《主的登山宝训》2.1.1—2.9以及《忏悔录》10.36.59—38.63。
③ 加6:6,并参考如太10:10,路10:7,林前9:4,以及帖后3:9。
④ 参考太25:31—46。奥古斯丁在这里用羔羊(agni)代替了更熟悉的绵羊(oves,比如在武加大本中)。在其他地方涉及这节经文时,奥古斯丁有时使用羔羊(如《〈诗篇〉阐释》9.9),有时使用绵羊(如《〈诗篇〉阐释》59.8)。
⑤ 关于奥古斯丁在这种意义上对"解决"(transigo)的使用,苏特给出了一些实例,参见 Alexander Souter, *A Glossary of Later Latin to 600 A. D.*, Oxford: Clarendon Press, 1949。
⑥ [译注]奥古斯丁的意思是,尽管会众供给传道人是应当的,但这样做更是为了会众的益处,而不是为传道人的益处。会众如果不捐输传道人,获得的益处小于他们捐输传道人获得的益处。

他们播种的工作,但看不到他们收成的工作。(3)并且,承诺他们要收成的事情并不像地上平常的农作物,"因为义人必因信得生"(加3:11[来2:4])。(4)"因为顺着情欲播种的,必从情欲收败坏。"(加6:8)(5)使徒是在说那些人,他们对快乐的追求超过对神的追求。因为当一个人行事时"顺着情欲",即便看起来是善的,也都是在为着他自己肉体的兴盛。(6)"但顺着圣灵播种的,必从圣灵收永生。"顺着圣灵播种意味着,出于信仰并带着爱心为义服务,并不顺从有罪的情欲,即便它们不断地从我们必死的肉体中产生出来。(7)现在,当"尽末了所毁灭的仇敌,就是死"(林前15:26),当"这必死的被生命吞灭了"(林后5:4),以及当"这必朽坏的总要变成不朽坏的"时(林前15:23),收割的就是永生。

　　(8)因此,当我们在这第三阶段,①恩典以下,当我们抵挡从我们的血气身体里面产生的情欲时,我们就是在"流泪撒种",以便当我们的身体转化时,我们可以"欢呼收割"。②当那发生,从我们存在的任何方面都不会产生任何诱惑的忧虑或危险使我们不安了。(9)因为,血气的身体自身也可视作种子。因为,他在另一段经文中说道:"所种的是血气的身体,这样接下来就必与收割有关:复活的是灵性的身体。"(林前15:44)(10)当先知说"流泪撒种的,必欢呼收割"(诗125[126]:5)时,他表达了相同的观点。(11)目前辛勤撒种就是辛勤劳作,很难坚持。因为在多数情况下,人们在劳作的果实中找到他们劳作的回报,但在我们的情况中,收成应许在终末,因此我们需要持之以恒。(12)"因为唯有忍耐到底的必然得救。"(太10:22)(13)并且先知呼喊道:"要等候耶和华。当壮胆,坚固你的心。我再说,要等候耶和华。"(诗26

---

① 参考《〈加拉太书〉注疏》46.4—9。
② "当我们的身体转化时"这句话遵循了一种不同的读法:reformato corpore。这种读法在古代手稿以及莫尔会修士和鲁斯莱首选的读法中都得到了很好的证明。迪维亚克偏爱的读法(reformatio corporis)丢失了拉丁语的文法。

［27］:14)（14）使徒继续说道:"我们行善,不可丧志。若不灰心,到了时候就要收成。所以有了机会,就当向众人行善。向信徒一家的人更当这样。"（加6:9—10）（15）如果不是指基督徒,你认为他在指谁? 因为,永生应该用平等的爱为众人渴求,但相同的爱的职分不可能为众人成全。

62.（1）于是,说明有益且和善良德行相关的律法之工只能由从信仰发生的爱心完全,而不能由奴仆的惧怕完全后,他回到他整个辩护的动机。（2）他说:"请看我亲手写给你们的字,①是何等的大呢。"（加6:11）他在防备有人通过以他名字伪造的书信以欺骗不谨慎者。（参考帖后2:2,3:17）（3）"凡希图外貌体面的人,都勉强你们受割礼,无非是怕自己为基督的十字架受逼迫。"（加6:12）因为,犹太人正在极力逼迫似乎要放弃这种传统礼法的那些人。通过"他亲手写给你们的字",使徒清楚地说明他完全不惧怕他们的逼迫。②（4）他因而说明,凡勉强外邦人接近割礼的,惧怕仍在他们身上起效,就像当他们在律法之下时惧怕起效一样。"因为他们那些受割礼的,连自己也不守律法。"（加6:13）（5）他说"守律法"是指:不杀人,不犯奸淫,不作假见证,以及其他这类明显与善良道德有关的事。正如已经说过,除非是借着信仰领受和指向永恒益处的爱心和盼望,否则这些事不可能完全。③

---

① 拉丁语说法 qualibus litteris 的意思是模糊的,它的意思也可能是"用这样的字写给你们",在这种情况下保罗是在指他特别的笔迹。但如果奥古斯丁以这种方式来理解它,那就难以看到他怎样不作任何评论的略过它。至于保罗的希腊语原文（πηλίχοις…γράμμασιν）,它明显是指笔迹并最好被译作"用如此大的字写给你们"。

② 佩拉纠的观点与此相似。

③ 我假定先行词是"仁爱和盼望",而非"永恒的益处",虽然以拉丁语为基础的话它们在语法上都是可能的。仁爱和盼望是通过信心领受的这点在其他地方得到说明,例如《布道》144.2:"因此当你信靠基督,通过你对基督的信靠,基督进入了你,并且你以某种方式与基督合一并成为他身体的一个肢体。除非仁爱和盼望也都出现了,否则这不可能发生。"在关于这个主题的手册的开头,通过讨论信仰、盼望和仁爱的关系,奥古斯丁把逻辑上的优先性给了信仰:"信仰去信靠,而盼望和仁爱去祈祷。但没有信仰的话,其他两个都不能存在";《信望爱手册》2.7:"Fides credit, spes et caritas orant。Sed sine fide esse non possunt"。

（6）"他们愿意你们受割礼,不过要借着你们的肉体夸口"
（加6:13）,那就是说,以便不仅他们可以免受绝不允许律法让与
未受割礼者的犹太人的逼迫,而且他们可以向他们夸耀,他们使如
此之多的人入教。（7）因为主说过,犹太人会走遍海洋陆地去勾
引一个人入教。（参考太23:15）（8）"但我断不以别的夸口,只夸
我们主耶稣基督的十字架。因这十字架,就我而论,世界已经钉在
十字架上;就世界而论,我已经钉在十字架上。"（加6:14）当他说
"就我而论,世界已经钉在十字架上"时,他的意思是"它没有控制
我",而当他说"就世界而论,我已经钉在十字架上"时,他的意思
是"我没有控制它"——换言之,"世界不能加害与我,我也不渴慕
世界中的任何事情"。（9）但"只夸我们主耶稣基督的十字架"的
那位,不"想要肉体的快乐",因为他不害怕属肉之人的"逼迫",如
同基督以前受过苦,被钉了十字架,给你们留下榜样,叫你们跟随
他的脚踪行。（参考彼前2:21）

63.（1）"因为受割礼不受割礼都无关紧要"（加6:15）,他直
到最后都坚持他的漠不关心,免得有人以为在给提摩太行割礼（徒
16:1—3）或在其他人（如果偶然有另一个此类情况出现）身上行
这样的事时,他曾装假地行动。（2）因为他要说明有损于信徒的
不是割礼本身,而是将你得救的期盼寄托在这样的礼法上面。
（3）我们也在《使徒行传》中发现有人传割礼,以否认外邦人出身
的信徒能以别的方式得救。（参考徒15:1）（4）使徒因而不是在
驳斥法令本身,①而是在驳斥这种致命的过错。因此他说道:"受
割礼不受割礼都无关紧要,要紧的就是作新造的人。"（5）术语
"新造的人"是指借着信仰耶稣基督而得的新生命,并且它值得注
意。因为,术语受造之物应用于那因信而得着养子身份的人的例
子不容易找到。

————————

① 也就是行割礼的行为。拉丁语 opus 或许也可译作"工作"。

（6）不过，他确实在别处说道："若有人在基督里，他就是新造的人。旧事已过，都变成新的了。但一切都是出于神。"（林后 5：17—18）（7）但是，当他说"受造之物仍然指望脱离败坏的辖制"（罗 8：21），以及后面说"不但如此（受造之物），就是我们这有圣灵初结果子的"（罗 8：23）时，①他把信徒与"受造之物"做了区分，正如他有时把同一种人称为"世人"，有时又不这样称。（8）因为，当在别处谴责哥林多人时，他指控他们仍为世人。"这岂不是属乎肉体，"他说道，"照着世人的样子行吗？"（林前 3：3）（9）类似地，他一会儿提到主在复活后不是世人（如这封信的开头是"不是由于人，也不是借着人，乃是借着耶稣基督"［加 1：1]），一会儿说主"为人"（如当他说［10］"因为只有一位神，在神和人中间，只有一位中保，乃是降世为人的基督耶稣"［提前 2：5]）。（11）"凡照此理行的，"他说，"愿平安怜悯加给他们和神的以色列民。"（加 6：16）就是说，加给那真正预备神的异象的，而不是那因为他们肉体的无知而拒绝见主的徒有这一虚名的；他们由于想作节期的奴仆便轻看主的恩典。②

64.（1）"从今以后，"他说，"人都不要搅扰我。"（加 6：17）关于在《罗马书》和这封信中都已充分解释的一个问题，他不想被激烈的冲突弄得憔悴不堪。（2）"因为我身上带着耶稣的印记"，这就是说，"在我受过的逼迫中，我和肉体还有其他争战要打"。（3）因为，"印记"是指与奴隶的惩罚有关的事，这样，如果一个奴隶，例如，因不正当的行为，即某种冒犯，而戴上枷锁，或遭受某类这样的事件，他就会被认为带着"印记"，为此他获得解放的权利的级别更低。③（4）因此可以说，由于来自他受过

---

① 关于奥古斯丁对"圣灵初结的果子"的诠释，参见前面附于 28.3 的第一个脚注。
② 关于"节期的奴仆"（servi temporum）参考在前面 34.4—5 中奥古斯丁对加 4：10 的注疏。
③ 就是说，比没有印记的奴仆的等级还要低。

的逼迫,使徒想使术语"印记"适用于刑罚的印记。(5)因为他晓得,这是对他逼迫基督教会的过错的报应。正如当亚拿尼亚惧怕基督徒的逼迫者保罗时,主亲自告诉亚拿尼亚:(6)"我也要指示他,为我的名必须受许多的苦难。"(徒9:16)然而,因为罪的赦免(他为之受洗),①那一切苦难不使他灭亡,却给他胜利的宝座。

65.(1)这封信的结束明显具有某种书信的格式,因为他也在很多别的信中运用它(尤其参考腓4:23,门25):"弟兄们,愿我主耶稣基督的恩常在你们心里,阿门。"(加6:18)

---

① [译注]有关保罗受洗的记载,可参见徒9:18和22:16。

《罗马书》章句

　　我将对使徒保罗的书信《罗马书》①含义的认识记在下面。你们当首先晓得,这信件所讨论的乃是律法之工和恩典之工的问题。

　　1. "按圣善的灵说,因从死里复活"(罗1:4),随着基督的复活,死者就得着圣灵的恩惠。但是保罗提到,因为是在基督中的复活,我们众人就一同经历了十字架上的死,又从这死中复活。

　　2. "我要把些属灵的恩赐分给你们"(1:11),这意思是说,要爱神和爱你的邻人,借着基督的爱,那蒙福音的外邦人就不致被他们(犹太基督徒)轻蔑地拒绝。

　　3. (1)"原来神的愤怒,从天上显明在一切不虔不义的人身上(1:18)"等。所罗门也说,具有这个世界智慧的人,"如果他们知道的是如此渊博,甚至能探索宇宙,那为什么更易于寻找的造物主,他们却看不到呢?"(智13:9)(2)所罗门责备某些人,是因为他们没有在这天地里面看到创造的主;而保罗责备某些人,是因为他们虽然得知神的存在,却从不向神谢恩,他们自诩智慧,事实上膜拜偶像的都是昏愚之辈。(3)外邦人中间也有认识神的智慧人士,保罗把这一点清楚地告诉了雅典人。(4)保罗说:"我们生活,动作,存留,都在乎他。"保罗还说:"就如你们中间,也有人如此说过。"(徒17:28)(5)于是保罗先训斥外邦人的褒慢,然后说明,假

---

① ［译注］以下引用《罗马书》时仅注章节号,不加"罗"。

如他们信从了基督,则仍然可以领受恩典。因为,如果他们只能为不敬而受罚,却不因信心而受恩惠,这是不公正的。

4.（1）"因为他们虽然知道神,却不当作神荣耀他,也不感谢他。"（1:21）这就是罪的开始,如经上所记:"骄傲是一切罪恶的起源。"（德10:15）（2）神是智慧之源,假如他们向神献上感恩,他们就不会因为他们的思想而把任何的赞颂归于自己。因此,神任凭他们逞着心里的情欲,以致行出不合理的事情。

5.你们当晓得,"神任凭他们"是说神放任他们心中的情欲（1:24）。从另一方面来讲,保罗认为,神给他们相适的报应,这个报应就是任凭他们逞"自己"心中的情欲。

6.（1）保罗最后指出,"神就任凭他们存邪僻的心"等,以及"他们心中就装满了各样的不义"（1:28）,也就是说,它导致了人们不道德的行为,保罗现在称之为罪恶的行动。（2）保罗在前面已经提到了这种败坏,它使得人们欲火攻心,行出邪僻的事来。凡受这邪僻情欲蛊惑的人,会不顾义人的劝诫而继续在罪愆中沉沦。（3）《智慧篇》也明确指出了这一点,它在列举上面提到的情欲之后说道:"我们要陷害义人,因为他太令我们讨厌。"（智2:12）

7—8.（1）"然而他们不但自己去行,还喜欢别人去行"（1:32）,这说明他们所行的就是他们所愿的。因为当他们同意别人作恶时,他们就是迎合了这样的行为,即使他们事实上还未曾做过。于是,保罗接下来谈到了人们已经犯下的罪,他说:（2）"你们这论断的人,无论你是谁,都无可推诿。"（2:1）而且,当他说"无论你是谁"时,他不仅控告了外邦人,也控告了犹太人,因为犹太人想照着律法来论断外邦人。

9.（1）"你为自己积蓄愤怒,以致神震怒。"（2:5）保罗每次提到神的愤怒时,就是指神的惩罚。为此保罗还说过:"显他公义审判的日子到来。"（2）你们也应该注意,在《新约》中出现了"神的愤怒"这样的表达。有人反对以前的律法,他们认为前约中的这种说法并不妥当;因为他们认为,神毕竟和人不一样,他不可能受制于情绪上的烦恼。例如,所罗门就说过:"你虽掌有大权,但施行审判,却很温和。"(智12:18)(3)但愤怒,我已经说过,在这里指的是惩罚。

10. "他们的思念相互较量。"(2:15)这相合于使徒约翰的说法:"亲爱的弟兄,我们的心若责备我们,神比我们的心大。"(约一3:20)

11. "在乎灵不在乎仪文。"(2:29)这就是说,律法应以一种属灵的,而不是字面的意义来理解。这句经文尤其针对那种人,他们曾以一种属血气的而非属灵的方式来理解割礼。

12. "这人的称赞,不是从人来的,乃是从神来的"(2:29),这同保罗"唯有里面作的,才是真犹太人"的说法呼应。

13—18. (1)"所以凡有血气的没有一个,因行律法,能在神面前称义,因为律法本是叫人知罪"(3:20),以及其他这类说法,一些人认为这些说法必定是要指责律法。这类论述一定要细心地阅读,使徒似乎既没有指摘律法,也没有拿走人的自由意志。(2)因此,我们可以把人分别为四个阶段:在律法之先,在律法之下,在恩典之下,在平安中。在律法之先这一阶段,我们贪图身子的情欲;在律法之下这一阶段,我们被情欲所引诱;在恩典之下这一阶段,我们既不贪图情欲,也不被它引诱;在平安这一阶段,我们没有了身体的情欲。(3)因此,在律法之先这一阶段,我们没有抵挡,因为我们不仅犯罪,贪求邪僻的事情,而且我们甚至赞同罪恶的行径。在律法之下这一阶段,我们虽然在律法的下面挣扎,但并不能脱离罪。我们承认所行的恶事,这说明我们确实想脱离罪,但因为缺少神的恩典,我们就仍被罪所控制。(4)在这个阶段,我们了解到我们是多么卑微,当我们想抬高自己的时候,下场却是跌倒,我们深受情欲的折磨。(5)因此,保罗在这封信笺中指出,"律法本是外添的,叫过犯显多"(5:20),并且在这点上注意到"律法本是叫人知罪"（3:20），而不是免罪，唯有恩典才可以赦免人的罪。（6）因此，律法是良善的，因为它禁止那些应当禁止的行为，并定下了应当定下的规矩。但当有人认为他能够不靠着他的救主的恩惠，而以自己的力量来完全律法时，这种自以为是对自己就没有什么益处。这不但让他陷在更加强烈的犯罪情欲中，而且还因为他的罪使他成了一名越界者。

（7）"哪里没有律法，哪里就没有过犯"（4:15），因此人应当把自己放低，当他认识到他并不能高举自己的时候，他就会寻求解救者的帮助。因为神的恩惠来到，是要免去先前的罪，它是要帮助抵挡罪的人，所以它不但公义而且仁慈，它将使我们不再感到害怕。（8）当人伏在恩典下，就算在今生的生命中仍然有一定的肉体情欲抗拒我们的灵，好叫我们犯罪，我们的灵也坚固在神的恩典与慈爱里克制了它们，停止了犯罪。（9）因为我们犯罪，不是因为有不当的情欲，而是我们向情欲让步。保罗对此指出："所以不要容罪在你们必死的身上做王，使你们顺从身子的私欲。"（6:12）（10）保罗在这里表明，我们仍然有情欲，但我们不再顺服它，我们不允许罪在我们身上做王。但这些情欲都源于我们取死的身体，从我们的始祖犯罪以后，我们就背负它。因此，我们的情欲不会停止，直到身体的复活，在那个时候，我们将会获得神应许给我们的改变。当我们在第四个阶段得到坚固时，我们就会拥有完全的平安（perfecta pax）。（11）之所以叫作完全的平安，因为没有事情可以辖制顺服神的我们。保罗指出："基督若在你们心里，身体就因罪而死，心灵却因义而活。然而叫耶稣从死里复活者的灵，若住在你们心里，那叫基督耶稣从死里复活的，也必借着住在你们心里的圣灵，使你们必死的身体又活过来。"（8:10—11）（12）因为自由意志完好地存在于我们的始祖那里。但是在恩典之前的我们不会有不犯罪的自由意志，而只有不想犯罪的自由意志。但借着恩典，我们不但立志行善，而且也能够行出来；只是这不是本乎自己的能力,而是仰赖解救者的帮助。当复活时,神按他的美意把完全的平安归与了我们。(13)因为,"在至高之处荣耀归与神,在地上平安归与善意的人"(路2:14)。

19.(1)"我们因信废了律法吗?断乎不是,更是坚固律法"(3:31),也就是说,我们肯定律法。但若没有公义,律法要怎样被肯定?(2)而且,因着信才会有义,那些不能靠行律法而完全的,会因着信而完全。

20.(1)"倘若亚伯拉罕是因行为称义,就有可夸的。只是在神面前并无可夸。"(4:2)换句话说,既然还没有颁布律法,所以在律法之外的亚伯拉罕不是因着律法之工而得到荣耀(好像凭着他自己的力量他可以完全律法一样),荣耀是属于神的,不是属于亚伯拉罕的。(2)亚伯拉罕被称为义,不是因为美善的行为,而是因着信,本乎恩。

21.(1)"作工的得工价,不算恩典,乃是该得的。"(4:4)保罗在这里谈论的是人与人之间支付工价的样式。(2)但神所给的乃是出于恩典,既然神将恩惠赐给了罪人,他们就因着信而可以开始过一种正直的生活,这意味着他们将有善的行为。所以,一旦我们得着了恩惠,我们所行的好事就不是靠着自己,而是要归与那白白称我们为义的神。(3)倘若神要给一个合理的工价,那么罪人的工价本应是杖罚。

22."神称罪人为义"(4:5),这就是说,神把不虔诚的人变得虔诚,在将来的日子他们就可以在虔义中坚守。因为一个人被称为义,不是说他被允许继续犯罪,而是说他要成为一个正直的人(参见6:1以下)。

23."因为律法是惹动愤怒的"(4:15),它的意思是责罚。它是第二个阶段的表现,即人都伏在律法的权下。

24."亚伯拉罕在他所信的主面前"(4:17),这句经文说明,信是出于内心,是给神看的,不像肉体的割礼是给人看的。

25. 论到亚伯拉罕时,保罗说他"将荣耀归给神"(4:20),这就和有类人不同,他们只想在人中间靠着行律法来传扬自己的名。

26. "不但如此,就是在患难中,也是欢欢喜喜的"(5:3)等,保罗逐次讲到神对我们的爱(5:6)。这是借着圣灵的恩待得来的爱。保罗向我们表明,凡归与自己的,都应归与神,因为是神屈尊自己,借着恩典将圣灵赐予我们。

27—28.(1)"没有律法之先,罪已经在世上"(5:13)是指直到恩典的莅临。(2)保罗反对人持这样的观点,即认为罪可以因行律法而得到赦免。保罗认为,律法让人知道自己的罪,但律法并没有将罪废去,所以当他说"但没有律法,罪也不算罪"(5:13)时,他未说"没有罪",而是"不算罪"。(3)他并不认为一旦神颁布了律法,罪就被拿去了,而是说,律法使得罪开始算为罪,我们能够清楚地认识到罪。我们也不能认为"到律法"这句话意味着,倘若人有了律法,那么他就没有罪了。保罗说"到律法",是要你们数算全部的律法,而基督就是律法的成全。

29.(1)"然而从亚当到摩西,死就做了王,连那些不与亚当犯一样罪过的,也在他的权下。"(5:14)这句话可以有两种方式来断句,第一种是:"因亚当一样的过犯,死就做了王。"既然连那没有犯罪的人,因为他们出身于取死的亚当,所以他们仍然死了;或者肯定是:(2)"死就做了王,连那些不与亚当犯一样罪过的,也在他的权下。"但是在律法时代以前,他们就犯了罪。因此,接受律法的人或许会明白,他们也像亚当一样犯了罪,因为亚当也是在接到律法的诫命之后犯罪的。(3)当然,也可以把"摩西"理解为全部的律法,把亚当看作"那以后要来之人的预象"。因为正如死亡是通过亚当临到了众人,通过我们的主我们就得着了生命。(4)"只是过犯不如恩赐"(5:15),因为恩赐以两种方式胜过了过犯。首先,尽管因为亚当的过犯,死亡做了人的王,但神的恩典却给人带来了永生,这说明神的恩典是何等的慷慨。其次,审判是由亚当一人的过犯而定罪的,因一人的过犯,众人都死了,而神的恩宠是我们的主耶稣基督为许多罪人赐下了永生的恩典。

(5)保罗还讨论了恩典与过犯的另一个分别,他说:"因一人犯罪就定罪,也不如恩赐。原来审判是由一人而定罪,恩赐乃是由许多过犯而称义。"(5:16)(6)"因一人犯罪"可以理解为"因人的一次过犯",因为接下来说的是"恩赐乃是由许多过犯而称义"。其中的区别在于:罪因亚当一人而定下,但主耶稣恩典赦免的却是许多人的罪。(7)接下来的经文同样表明了这种区别,正如保罗所言:"若因一人的过犯,死就因这一人做了王,何况那些受洪恩又蒙所赐之义的,岂不更要因耶稣基督一人在生命中做王了吗?"(5:17)(8)"它们更要在生命中做王"指向了永恒的生命,"受洪恩"则指许多的罪都被神原谅了。(9)"这就如罪是从一人入了世界,死又是从罪来的"这句经文打断了保罗的讨论次序,在指出恩典与过犯的上述区别后,保罗重新回来讨论他起初想要表达的观点。(10)保罗说:"如此说来,因一次的过犯,众人都被定罪;照样,因一次的义行,众人也就被称义得生命了。因一人的悖逆,众人成为罪人;照样,因一人的顺从,众人也成为义了。"(5:18—19)保罗本来要开始说明亚当乃是将来之人的预象,但他中间插入说明了恩典与过犯的上述两种区别,而他做总结时又重新说明了他的观点:"因一人的过犯,众人就被定了罪。"

30.(1)"律法本是外添的,叫过犯显多。"(5:20)保罗在此充分说明了,犹太人并不理解神为什么要赐下律法。(2)律法并不能救人脱离死亡,脱离死亡乃是本乎恩,因着信。神颁布律法是要使我们清楚地意识到,我们被罪紧紧地困住,我们根本就不能依靠自己的力量来做一个义人。(3)所以世上到处都充满了罪恶,不但律法的禁令使人更加欲火攻心,同时,对那些冒犯了律法的罪人来说,律法的存在就让他们的过犯显得更多了。只要你还记得,人在律法之下这一阶段中的处境,你就会理解这一点。

31.（1）"这样,怎么说呢? 我们可以仍在罪中,叫恩典显多吗? 断乎不可! 我们在罪上死了的人,岂可仍在罪中活着呢?"(6:1—2)保罗在这里表明:人之前所犯的罪已经得到了神的原谅,以前的罪已经被勾销,而神对罪的原谅显示了他丰富的恩典。（2）但倘若有人想增加自己的罪恶,好从神那里得到更多的恩典,那么,他的表现就说明恩典并没有在他身上产生任何的效果。这种人尚不明白,恩典的工作就是让人远离罪恶。

32—34.（1）"因为知道我们的旧人和他同钉十字架,使罪身灭绝。"(6:6)摩西也指出:"因为被挂的人是在神面前受咒诅的。"（申21:23）（2）主耶稣钉十字架象征着旧人的死,而他的复活则象征着生命的重生。（3）保罗指出,主钉上十字架代表了我们这些曾被诅咒的旧人钉死在十字架上,因"他背负我们的罪"（参见约1:29,彼前2:24）,"他替我们成为罪"（参见林后5:21）,在"肉体中定了罪案"（参见罗8:3）。（4）保罗说"使罪身灭绝"是什么意思呢? 他自己的解释是:"因为已死的人是脱离了罪","我们若是与基督同死……"它的意思就是,我们已经与基督被同钉十字架。（5）正如他在别处所说:"凡属耶稣基督的人,是已经把肉体连肉体的邪情私欲,同钉在十字架上了。"（加5:24）因此摩西并不是在中伤主,而是作为先知预言了主被钉十字架的意义。

35.（1）"罪必不能做你们的主,因你们不在律法之下,乃在恩典之下。"(6:14)这显然是指人的第三个阶段。在这一阶段,人的身体尽管还顺从罪的律,但内心里面却顺从了神的律（参见7:25）。在身体复活、死亡被得胜吞灭以前（林前15:54）,纵然情欲仍然会困扰他,并迫使他让步,但是他并不服从罪的胁迫。（2）因为我们并不同意邪恶的欲念,所以我们就是在神的恩典之下,罪没有在我们朽坏的身子上做王。事实上,保罗在这里说:"我们在罪上死了的人,岂可仍在罪中活着呢?"他描述了在恩典中得到坚立的人。但那些没有脱离罪的人,他们纵然想要抵挡罪,却仍然是在律法之中而不是在恩典之中。

36.（1）"就如女人有了丈夫,丈夫还活着,就被律法约束;丈夫若死了,就脱离了丈夫的律法。"（7:2）我们应当注意,这个类比不同于它的主题。保罗说明了在妻子的丈夫死去的情况下,她可以另嫁意中人,因为她已经完全脱离了丈夫的律法。（2）保罗在这里把灵魂比作女人,而把犯罪的恶欲比作她的丈夫,这恶欲在肢体中发动,以致结成死亡的果子,他们的后代就是这样一种结合的产物。（参见7:4—6）而律法既免不了罪,也不能让人在罪中得自由,它只是把罪在恩典前显明,这就是为什么那些臣服在律法之下的人反而犯罪的欲望更为强烈,罪就因过犯而更多了。（3）因此,保罗的比喻有三重:妻子象征着灵魂,丈夫象征着罪的冲动,丈夫的律法则象征着律法。保罗并不是说,当罪死的时候,灵魂得到了自由,就像丈夫死了女人就自由了一样;而是说,灵魂乃是向罪而死,因此灵魂就从律法中解脱了出来,从而可以归属于另一个丈夫,这就是基督,即便罪好像还是活着,灵魂却已经向罪而死。（4）虽然犯罪的邪情私欲仍然存在,但我们既不顺从它,也不同意它,因为我们在内心顺从神的律,因为我们已经向罪而死。（5）何况,当身体复活时,罪也会死去,对此保罗在稍后说道:"借着住在你们心里的圣灵,使你们必死的身体又活过来。"（8:11）

37.（1）"然而罪趁着机会,就借着诫命叫诸般的贪心在我里头发动。"（7:8）我们应当明白,这诸般的贪心在诫命叫它增多之前是不存在的。（2）这是因为在解救者的恩典莅临以前,诫命只是叫贪心增多。在有诫命之前,这诸般的贪念并不存在。（3）而在诫命颁布以后,正如我们已经指出的,在恩典莅临之前,它只会让贪心大大地加多,直到它的本性得到了完全（即极恶）,连人也被贪心掳去,以至于违背律法,犯下不计其数的罪。（4）当保罗说"没有律法罪是死的"（7:8）时,他的意思并不是说罪不存在,而是说罪还是隐蔽的。保罗接下来的论述把这一点说得很清楚:"但罪借着那良善的叫我死,就是显出真是罪。"(7:13)(5)也就是说,律法其实是良善的,但由于没有恩典,它就只能把罪显明,却不能将罪祛除。

38.(1)"我以前没有律法是活着的"(7:9)应当被理解为"我只是在表面上活着",因为在诫命以前,律法是隐藏的。(2)"但是诫命来到,罪又活了,我就死了"(7:9),这其实就是在说,罪开始公开它自己,于是我就认识到事实上我已经死了。

39.(1)"因为罪趁着机会,就借着诫命引诱我,并且杀了我。"(7:11)这是因为被禁止的情欲之果更加甜美。(2)在暗中犯罪要更加甜美,即便它是一种致命的甜美。《箴言》所描述的那坐着的女人,其实就代表了愚蒙之人,她邀来无知的人说:"偷来的水是甜的,暗吃的饼是好的。"(箴9:17)①(3)这甜美就让罪在诫命中得了机会(8:8),如果一旦受它诱惑,它可是会毫不留情地蒙骗你,给你带来极大的痛苦。

40.(1)"那良善的是叫我死吗?断乎不是!叫我死的乃是罪。但罪借着那良善的叫我死,就显出真是罪。"(7:13)保罗在这里阐明了他先前提出的观点:(2)"没有律法罪是死的。"保罗这样说是因为罪还是隐藏的,他现在指出并不是那良善的(即律法)叫他死,而是罪借着律法的良善叫他死,于是罪就暴露了自己。而在没有律法之前,罪一直是隐藏的。(3)对于人来说,如果他明知是善却不能为,他就得承认他是死的。由于冒犯(诫命)形成了罪,他的罪就比没有诫命之前更多。(4)所以保罗得出结论:"罪因着诫命更显出是恶极了。"(7:13)因为冒犯并不在律法之前,只当有了律法,才会有冒犯。

41.(1)"我们原晓得律法是属于灵的,但我是属乎肉体的"

---

① 奥古斯丁在《论〈创世记〉,驳摩尼教徒》2.41 中就谈到了这位女人;请参见《忏悔录》3.6.11,奥古斯丁在这里把这位女人比作摩尼教徒。

(7:14)这句经文清楚表明了,除了属于灵的人(他们是蒙神的恩典所造就的)以外,没有人能够完成律法的要求。(2)因为变得同律法一样属灵的人会轻易地完成律法的规定;他也不算在律法之下,而是与律法在一起。并且,这样的人既不受世间利益的引诱,也不会为世间的邪恶势力而感到战兢。

42.(1)"我已经卖给罪了"(7:14)的意思是说,每个人都由于罪而把他自己的灵魂卖给了魔鬼,这就是他得到世间的惬意与甜蜜的代价。(2)所以主也被称为救赎主("重赎者"),原因就如保罗刚才所言,我们已经被卖了。

43.(1)"因为我所做的,我自己不明白。"(7:15)对于还没有充分理解这句经文的人来说,它或许看起来要与保罗之前的陈述矛盾,"罪借着那良善的叫我死,就显出真是罪"(7:13)。假如说我们还未认识罪,那么这罪怎么可能显明呢?(2)"我不明白"在这里有"我不确定"的含义。比如说,人没有看到黑暗,人只是在与光明的对比中辨别出了黑暗:感觉到黑暗并不是看到黑暗。(3)由于罪没有被正义的光照亮,所以人们同样不是通过理智识别了罪,就像人们不是通过看而感知到了黑暗。《诗篇》中有句经文也与此有关:"谁能知道自己的错失呢?"(诗 18:13)①

44.(1)"我所愿意的,我并不做;我所恨恶的,我倒去做。若我所做的,是我所不愿意的,我就应承律法是善的。"(7:15—16)因此,每一种对于罪的指控都能够得到充分辩护。但是你们也要注意,以免认为这些话否定了我们的自由意志,因为它并没有否定。(2)这里所描述的是在律法之下、恩典之前的人;当他缺少神这位解救者恩典的协助,却设法依靠他自己的力量来过一种正直的生活时,罪就战胜了他。(3)而凭着他的自由意志,人就可以有一个手段来相信解救者,接受恩典。在这位解救者的协助下,人就

---

① ［译注］诗 19:12（和合本）。

可以停止犯罪。于是人可以停止处在律法的下面,而与律法一起,或者他本身就是律法,他不再出于惧怕而行律法,而是依靠神的爱完成了律法。

45—46.（1）"但我觉得肢体中另有个律和我心中的律交战,把我掳去,叫我附从那肢体中犯罪的律。"（7:23）每个人都被罪的律所掳掠,在属乎血气的习性中不能自拔。（2）这律与心中的律交战,就把人掳掠在罪的律下。我们可以看到,保罗所描述的这类人还没有在恩典之下。（3）但如果属乎血气的习性在这场交战中还没有取胜,那就无罪可定。事实上,只有我们顺从了属乎血气的邪恶情欲,做了它的奴仆,才会被定罪。（4）但若我们虽然还是有这样的情欲,却并不顺从它,那我们就是在恩典之下而没有被它掳去。当保罗需要和哀求解救者的协助时,他就谈到了恩典。律法叫人痛苦,因为没有人能够完成律法的要求,而爱却能够透过恩典来成就那律法所不能成就的。（5）于是保罗说:"我真是苦啊!谁能救我脱离这取死的身体呢?"他的回答是:"靠着我们的主耶稣基督就能脱离了。"（6）保罗在此开始描述蒙恩典造就的人,即我们在上面已经分别出来的,人将要经历的第三个阶段。他接下来要说的就与这一阶段直接相关:"我以内心顺服神的律法,我肉体却顺服罪的律了。"（7:25）虽然人还是有属血气的情欲,但他可以不再顺从它,不再做罪的奴仆,这种人就是在恩典下得到造就的人,他在心中顺服的是神的律,即便他的肉体顺服罪的律。（7）此外,保罗把罪的律称为必定朽坏的状态,它肇始于亚当的悖逆,因为它,我们本性便是取死的。由于肉体的堕落,肉体的情欲就总是引诱我们,给我们带来烦恼,保罗在另一处也说道:"我们本为可怒之子,和别人一样。"（弗2:3）

47.（1）"如今,那些在基督耶稣里的,就不定罪了。"（8:1）人若是有属血气的情欲,他并不一定会被定罪,除非人向情欲让步并犯罪。（2）这点与那些在律法下,而尚未在恩典下的人有关,因为情欲不仅与他们交战，一旦他们向情欲让步，情欲就将他们掳掠过去。但是这与那些在心中顺服神的律的人没有关系。

48.（1）"律法既因肉体软弱，有所不能行的，神就差遣自己的儿子成为罪身的形状，做了赎罪祭，在肉体中定了罪案，使律法的义成就在我们这不随从肉体，只随从圣灵的人身上。"（8：3—4）（2）保罗在这里最为清楚地教导了，人不能完成这些律法的戒律，尽管他们本应当做到。因为律法在恩典之先临到了他们，而他们已经把自己寄托给尘世的利益，并通过它们来追寻幸福。他们并不会担忧，除非他们的利益受到厄运的威胁。所以，当短暂的利益受到威胁时，这些人就会轻易地转离律法戒律的要求。（3）因此，律法就会因为它的规定不能被完成而变得越来越软弱——这不是律法自己的过错，而是因为人的肉体，就是说，因为这些寻求尘世利益的人并不爱律法的义，而是把尘世的安逸安放在律法的前面。（4）所以我们的解救者主耶稣基督，他取了有死的肉身，他成为罪身的形状来到我们中间。因为罪身的工价乃是死亡。（5）但可以肯定的是，主的死是他美好的决意和行为，主的死不是为了缴纳欠下的债务。然而使徒也称呼基督背负了肉身的"罪"，即便他并没有罪，因为基督是不死的，所以当他死的时候，他就（可以说）"成为罪"（参见《章句》32—34；林后5：21）。（6）但通过"做了赎罪祭"，保罗说："他在肉体中定了罪案。"因为，作为主耶稣死亡的一个结果，那些本来只在地上的事务中有智慧而不能完成律法的人，就停止害怕死亡了，他们也不再追逐尘世的利益，不再因为世间的邪恶而胆怯。（7）既然主成了人的形状，他就摧毁和祛除了这所谓的聪慧，当人们不再按照肉体的智慧行，而是随从圣灵行时，律法的义就得到了成全。（8）这其实是在说："我来不是要废掉，乃是要成全。"（太5：17）因为"爱完全了律法"，（13：10）爱属于那顺从圣灵而行的人。（9）而圣灵的恩惠与这种爱相称。所以，当人们对律法的义只有怕而没有爱时，律法就没有得到成全。

49.（1）"原来体贴肉体智慧的，就是与神为仇。因为不服神的律法，也是不能服。"（8:7）保罗解释了他为什么要说与神"为仇"，以免有人以为人生来就有另一种本性，这种本性基于一种对抗的原理与神作对，但神并没有创造这种本性。（2）所以保罗指出，那些不服神的律的人，就是与神为仇，他们按着肉体的智慧来行，意思就是，他们追寻属世的利益并且向尘世的邪恶妥协。（3）因为从一般的定义来讲，智慧就是想着如何趋利避害。所以保罗正确地称其为"肉体的智慧"，它特指人们追逐次要短暂的利益，以及忧心失去那终究必定要失去的事情。（4）而且，这样的智慧也不能顺服神的律。不过，它终有一天会被吞灭，圣灵的智慧终将胜过它，因为借着圣灵，我们就不再追寻俗世的利益，也不再忌惮这个世界中的邪恶。（5）因为灵魂有一种本性：当它体贴较低等级的事物时，它就被肉体的智慧占据；而当它体贴较高级的事物时，它就被圣灵的智慧占据。这就像水，遇冷结冰，遇热又会融化。（6）所以，当保罗说"肉体的智慧不服神的律法，也是不能服"时，其含义就像人们正确地说，雪不能忍受热。因为一旦雪被加热，它就会融化成有热力的水，人们也就不能再称之为"雪"。

50.（1）"基督若在你们心里，身体就因罪而死，心灵却因义而活。"（8:10）"身体死了"的意思是身体受死亡的辖制。（2）正是由于人都难免一死，因此他们对世上之物的渴求会给灵魂带来困扰并唤起一定的情欲，而那些没有体贴这情欲以至于犯罪的人，他们现在就是在心中服从了神的律法的人。

51.（1）"然而叫耶稣从死里复活者的灵，若住在你们心里，那叫基督耶稣从死里复活的，也必借着住在你们心里的圣灵，使你们必死的身体又活过来。"（8:11）保罗现在指出了我们之前所说的第四个阶段。（2）但人不能在今生抵达这个阶段；这个阶段是我们的盼望,借着这个盼望我们等候赎回自己的身体,到那个时候,这必朽坏的总要变成不朽坏的;这必死的总要变成不死的(参见林前15:53—54)。(3)在那时我们会拥有完全的平安,因为复活的身体变成了灵体(caelestem qualitatem),灵魂就不再要忍受从身体而来的烦扰了。

52.(1)"你们所受的,不是奴仆的心,仍旧害怕;所受的,乃是儿子的心,因此我们呼叫:'阿爸!父!'"(8:15)保罗在两个约的时段之间划出了判然有别的界线:在前一个时期,人们受制于恐惧;但在新的约中,人们感受到神的慈爱。(2)不过有人会问:什么是奴仆的心?其实,既然儿子的心毫无疑义地就是圣灵,那么奴仆的心(它引起人的恐惧)就是指它拥有死亡的权势。正是因为这种恐惧,他们生活在律法的权势下,而不是在神的恩典中,他们全部的生活都过的是一种奴仆的心的生活。(3)在神意的安排下,追逐尘世利益的人受有了一颗奴仆的心,这也没什么稀奇。但这不是因为律法以及诫命,(4)因为,"律法是圣洁的,诫命也是圣洁、公义、良善的"(7:12)。奴仆的心绝不是好的。但是,当那不能完成律法规定的人服事罪身的情欲时,当解救者的恩典还未有临到他们,他们还没有成为神的儿女时,他们所受的就是这种奴仆的心。但是,因为神公义地按照每个人所当得的来给与,所以这种奴仆的心自身并没有俘虏人的权力,除非神按照自己的意愿命令把某个人交给这种奴仆的心。

(5)使徒保罗已经得到了这样的权柄,他谈到某类人时说:"我已经把他们交给撒但,使他们受责罚,就不再谤渎了。"(提前1:20)他在另一处也指出:"要把这样的人交给撒但,败坏他的肉体,使他灵魂在主耶稣的日子可以得救。"(林前5:3—5)(6)因此,那些尚未在恩典之下的人,他们就是在律法之下,被律法控制。他们被罪击败,他们犯罪并服从罪身的情欲,他们因为违反律法的过犯而更加心虚了——我把这些人称为受了奴仆的心的人,就是说,这是那会遭受死亡的人的心。(7)现在,如果我们认为"奴仆的心"指的是人的心,那么我们就会明白,"儿子的心"就像某种东西,它"为了更好而改变"。(8)但是,我们借着"儿子的心"理解了圣灵,使徒保罗明确地指示了圣灵,他说道:"圣灵与我们的心同证我们是神的儿女。"(9)奴仆的心就是罪人所服事的心。正如圣灵将人从死亡中解救出来,因此奴仆的心(它拥有死亡的权势)使人们畏惧死亡从而感到心虚。因此,每个人都寻求解救者的帮助,即便魔鬼要对抗解救者,想把人永远控制在自己的势力中。

53.(1)"受造之物切望等候神的众子显出来。因为受造之物服在虚空之下,不是自己愿意……"保罗继续说道,我们"自己心里叹息,等候得着儿子的名分,乃是我们的身体得赎"(8:19—23)。(2)我们不应当认为,这里说的是树木、蔬菜、石头或者其他类似的受造之物在哀哭——这是摩尼教徒的错误认识。(3)我们也不应该以为,圣天使也服在虚空之下,不会从死亡的奴役下得到拯救,因为天使是完全不死的。准确来讲,"一切受造之物"就是指人自己。(4)原因是,受造之物的种类相当繁多,从灵性的受造之物(其最高形式就是天使)到动物(如四足走兽),以及可以被看到和触摸到的物体。但只有人才结合了所有的这些方面,人是集精神、灵魂和身体于一体的存在。(5)特别是人目前终身劳碌,又在朽坏的辖制之下,所以"受造之物切望等候神的众子显出来",这里所说的"显出来"与保罗在另一处所说的意思一致:(6)"因为你们已经死了,你们的生命与基督一同藏在神里面。基督是我们的生命,他显现的时候,你们也要与他一同显现在荣耀里。"(西3:3—4)(7)约翰也指出:"亲爱的弟兄啊,我们现在是神的儿女,将来如何还未显明;但我们知道,主若显现,我们必要像他,因为必得见他的真体。"(约一3:2)(8)所以受造之物切望等候神的众子显出来,但现在人还服在虚空之下,他把一生寄托在短暂的事物上,日子过得就像影子一般。(9)《诗篇》有言:"人好像一口气,他的年日,如同影儿一样快快过去。"(诗 143:4)①(10) 所罗门也这样感叹人生的虚空:"虚空的虚空②,凡事都是虚空。人一切的劳碌,就是在日光之下的劳碌,有什么益处呢?"(传 1:2—3)(11) 大卫说:"你们喜爱虚妄,寻找虚假,要到几时呢?"(诗 4:3)③但是,保罗说受造之物并不愿意服于虚空之下,因为服于虚空乃是对他们的惩罚。(12) 这是因为,人虽然有意犯罪,但并不愿意接受被定罪。然而,尽管人的本性已经被定罪,但人的本性并不是没有复原的盼望的。(13) 所以保罗指出:"但受造之物仍然指望脱离败坏的辖制,得享神儿女自由的荣耀。"(8:21) 这便是说,保罗看到了,即便是尚未因信而加入神的儿女的受造之物,最终还是会借着信被归算为神的儿女。所以保罗说"受造之物将会脱离败坏的辖制",好叫他不再做死亡的奴仆,而一切罪人都是死亡的奴仆。

　　(14) 神告诉过罪人"你必会死"(创 2:17),但受造之物"将会得享神儿女自由的荣耀"。这就是说,即便是受造之物(我们称之为"受造之物"仅仅是因为他们还没有信仰)也可能因着信而得享神儿女自由的荣耀。《圣经》接下来说的是,"我们知道一切受造之物一同叹息、劳苦,直到如今"。(15) 因为好些将要信主的人,他们继续在灵魂中为了过错而感到忧愁。但为了不让人们以为自己只谈论未信之人的艰难,保罗于是也开始讨论信徒。(16) 虽然他们在灵魂上——也就是说,用心——服事神的律法,但一旦他们经历巨大的伤害与不安,他们的肉体还是会做罪的奴仆。因此,保罗继续指出,(17)"就是我们这有圣灵初结果子的,也是自己心里叹息"(8:23)。(18) 换句话说,不仅是还没有信主的那部分人,即还不是神的儿女的那部分人会叹息、劳苦,即便我们这些信徒已经有了圣灵初结的果子,也同样会叹息、劳苦。但我们现在既然在

---

① 〔译注〕诗 144:4(和合本)。

② Vanitas vanitantium。奥古斯丁的文本是不准确的,参见《订正录》I.7,3。

③ 〔译注〕诗 4:2(和合本)。

灵里面因着信抓住了神,我们便不再被称为"受造之物",而是"神的儿女"。(19)即便我们"自己心里叹息,等候着儿子的名分,乃是我们的身体得赎"(8:23)。(20)因为,为那些信主之人所设立的儿子的名分,它是在灵魂中得到的,而不是在躯体中得到的。当灵魂因着信仰与神和好,当灵魂已经改变并从错谬中转向神的时候,我们的身体还没有得到改造,转变成属天的样式。(21)因此,即便是信徒也仍然在等候它在我们身体复活的时候显出来。这就是绝对和完全的平安,以及永远安宁的第四个阶段。在这一阶段,人彻底地从严重的败坏和不安的焦急中得到了解放。

54.(1)"况且我们的软弱有圣灵帮助,我们本不晓得当怎样祷告。"(8:26)保罗在这里谈到了圣灵,他接下来明确地指出:(2)"因为圣灵照着神的旨意替圣徒祈求。"为什么说"我们本不晓得当怎样祷告"呢?这里有两个原因:第一,我们盼望和努力的未来目标尚不清楚;第二,在今生看起来于我们有益的许多事物,事实上是没有益处的,反过来讲也是如此。(3)因为,当患难降到神的仆人身上来查验他并使他改正自己时,对于那些还不够理解这一点的人来讲,这患难就是毫无用处的。但如果你还记得下面这句经文:(4)"求你援助我们抵抗患难,因为从人而来的幸福尽是虚无"(诗59:13),你就会明白,神常常借着患难来使我们得到帮补;而当幸福把灵魂困在此生的快乐和爱慕中时,人们就是在错误地追求它,这种幸福有时候是没有益处的。(5)类似的还有:"我突然遇到了艰苦和烦恼,我呼求了上主的圣名。"(诗114:3—4)说"突然遇到",他的意思是患难是有用的,因为我们肯定不会为了突然遇到的事情而感到高兴,除非我们正在寻求它。(6)所以说"我们本不晓得当怎样祷告",而神知道什么在今生于我们是有益的,什么是来世他要给予我们的。(7)但是,"圣灵亲自用说不出来的叹息替我们祷告"(8:26)。保罗指出,就圣灵通过爱来唤醒我们对未来生命的渴望并使我们叹息这一点而言,圣灵就是在亲自叹息。如经上所记:"因为这是耶和华你们的神试验你们,要知道你们是尽心尽性爱耶和华你们的神不是。"(申 13:3)也就是说,要让"你们"知道,因为没有事能够瞒过神。

55.(1)"预先所定下的人又召他们来;所召来的人又称他们为义。"(8:30)这句经文可能会导致一个问题,即是不是所有蒙召的人都称为义呢? 但我们在别处读到:"被召的人多,选上的人少。"(太 22:14)(2)虽然如此,但由于那选上的人必定已经蒙召,所以,除非他们已经蒙召,否则他们肯定不会称义。但也并非所有蒙召的人都能够称义,如保罗在前面说过的,只有那些"按他的旨意被召的"(8:28)才能称义。(3)我们一定要知道,这里所讲的旨意是指神的旨意,而不是那蒙召之人的旨意。保罗这样来解释"按他的旨意":"因为他预先所知道的人,就预先定下效法他儿子的模样。"(8:29)(4)因为,并不是所有蒙召的人都是按照神的旨意蒙召的,这个旨意与神的预见和预定有关。除了那些神早就知道会相信并追随他召唤的人之外(保罗称这样的人为"蒙拣选的"),神没有预定任何人。(5)这是因为,虽然神召他们来,但许多人却没有来;而不曾蒙召的,一个也不会来。

56.(1)"神使他在许多弟兄中做长子。"(8:29)保罗这里把它表达得足够清楚,我们应当以一种方式把主理解为"独子",也要以另一种方式把他理解为"长子"。(2)当称他为"独子"时,意味着他没有弟兄,他按着本性就是神的儿子。他是太初的道,凡被造的,没有一样不是借着他造。(3)然而,虽然我们并非神的儿子,但由于他安排自己道成肉身,取了人的样子,即便我们在本性上不是神的儿女,我们也可以被称为神收养的儿子。在这个意义上,耶稣他可以被叫作"长子",我们就是他的弟兄。(4)因为"长"这个字表明了,他不是无伴的,而是要带领各处效法他的弟兄。在另一个地方,保罗也称他是从死里首先复生的,这使他在凡事上都可以居首位(西 1:18)。(5)因为在他以前,没有发生过死里复生的事情,人无法脱离死亡;但在他之后涌现出了许多的圣徒,他毫不犹豫地称他们为"弟兄",因为耶稣与他们都分享了人性。

57.（1）"谁能使我们与基督的爱隔绝呢？难道是患难吗？是困苦吗？是逼迫吗?"（8:35）等等问题在上文保罗已经说到过,（2）"如果我们和他一同受苦,也必和他一同得荣耀。我想现在的苦楚,若比起将来要显于我们的荣耀,就不足介意了。"（8:17—18）（3）保罗这样说意在规劝他的听者不要因逼迫而丧胆,以拦阻他们受制于肉体的智慧从而追逐尘世的利益,以及向世间的邪恶妥协。

58.（1）并且,保罗说的是"我确信",而非"我认为",这表明他完全地相信,无论是死,是生,还是他所列举的其他事情都不能叫信徒与神的爱隔绝。（2）从而没有人能把信徒与神隔绝:人不能用死亡来要挟他,因为他相信基督,即便他死了也还会活;他也不为了生命的许诺而妥协,因为基督给了他永远的生命。（3）与永生的应许比起来,尘世的生命就微不足道了。天使也不能使我们与神隔绝,因为,"即便是天上来的使者,若传福音给你们,与我们所传给你的不同,他就应当被诅咒"（加1:8）。（4）那与我们作对的"掌权的"权势也不能使我们与神隔绝,因为基督已经将一切执政的、掌权的掳来,明显给众人看,就仗着十字架夸胜（参见西2:15）。（5）"现在的事和将来的事"也不能,因为这些事是短暂不居的,不论它们是让我们欢乐还是让我们沮丧,不论它们是带给我们希望还是让我们心生畏惧。"有权的"也无法把我们与神的爱隔绝——（6）应当把这里的"有权的"正确地理解为"和我们对抗的权势",正如基督所言:"除非先捆住那壮士,才可以抢夺他的家财。"（太12:29）"在高处的,在低处的"也不能把我们与神隔绝,（7）因为在大多数情况下,这些事情或者是不可能知道的,或者知道了也没有益处。不论它们是在高处还是在低处,人们对于它们虚幻的好奇会将自己与神隔绝,除非爱胜过了它们。因为爱透过内在的光照而非虚空的外在事物,使人们回忆起可信的属灵知识。(8)"别的受造之物"也不能将人与神的爱隔绝。这可以从两个方面来理解。首先,作为可见的受造物,虽然我们也是受造之物,但我们有"灵魂",因此我们是不可见的"受造物"。在这种理解下,保罗的意思是,没有对其他受造之物,即对(可见的)形体的爱可以将我们隔绝。其次,或更加确切地说,这也意味着没有别的受造之物能够将我们与神的爱隔绝,因为没有别的受造物处在我们和神的中间来与我们作对,使我们远离神的怀抱。(9)高过人的心灵(它是理性的)的,并没有其他受造之物,而只有神。

59.(1)"列祖就是他们的祖宗,按肉体说,基督也是从他们出来的。"并且他接着说:"他是在万有之上,永远可称颂的神。"(9:5)保罗要求人们怀有绝对的信仰,我们承认我们的主耶稣按着肉体说是人子,而按着永恒说是元始的道,是在万有之上永远可称颂的神。(2)主耶稣驳斥了那些仅仅承认第一部分的犹太人,因为当主耶稣问他们基督是谁的子孙时,他们回答说是"大卫的子孙"(太22:42—43)。(3)这是按着肉体来说的。而就耶稣的神性来说,事实上他就是神,但他们对此没有任何的回答。所以主耶稣对他们说:"大卫被圣灵感动,怎么还称他为主呢?"(太22:43)(4)好叫他们知道,他们仅仅承认基督是大卫的子孙,但他们不曾说基督同时也是同一个大卫的主。(5)一件事实是按着肉体所显示出来的说的,另一件事实则源于神性的永恒。

60.(1)"双子还没有生下来,善恶还没有做出来,只因要显明神拣选人的旨意,不在乎人的行为,乃在乎召人的主。神就对利百加说:'将来大的要服事小的。'正如经上所记:'雅各是我所爱的,以扫是我所恶的。'"(9:11—13)(2)我们通过自由意志,要么选择敬虔的良善,从而为神所看重;要么选择不虔诚的恶从而冒犯了神,但这段经文使得好些人以为保罗废除了人的自由意志。

（3）因为，这些人会说，甚至在他们出生之前，在善恶还没有做出来以前，神就喜爱了一个人，却厌弃了另一个人。

（4）对此，我们的回答是：神乃是根据他的预见如此抉择的，借着预见，神知道了甚至还在母胎中的人的性格。但人不应当说："虽然行为还没有做出来，但因为神预见了他们会怎样行，因此神是按照他所爱之人的行为来拣选他们的。"倘若神是按照行为来拣选的，那保罗为什么说拣选不是根据人的行为呢？（5）正是出于这个原因，人们应当明白，我们是因为爱才可以做出好的行为，我们是通过圣灵赏赐的恩赐而拥有了爱，正如使徒保罗自己所言：（6）"所赐给我们的圣灵将神的爱浇灌在我们心里。"（5:5）因此，人不应当把荣耀归与他的行为，好像它们完全地出于他自己。因为，他是靠着神的赠礼而能够做出这样的事，爱本身就在他里面做了好的工作。

（7）那神拣选的是什么？因为假如神将圣灵（正是通过圣灵，爱行了美妙的工作）恩赐给他乐意的人，那么神怎样选定要接受圣灵的人呢？（8）倘若神不是按照功德来拣选人，那么这就不是拣选，因为抛开功德不论，所有人都是平等的，在完全平等的事情中，没有任何的选择可以做出来。（9）但既然神将圣灵仅仅赐给信徒，神事实上就不是按着行为来选（行为是神亲自赠予的），而是按着信心来选的，因为，神自由地将圣灵浇灌在某些人心里，以至他们能够因爱而可能做出好的行为。（10）除非所有人都相信神并且愿意恒久地接受，否则就有一些人没有接受神的恩赐，即圣灵（它把爱浇灌在人们心里，使他们能够行出好的事）。（11）因此，神并不是拣选了任何人的行为（行为是神亲自赠予的），通过预见，神拣选了人的信心，他于是准确地拣选了那个他预先知道会相信他的人。神将圣灵赐给他，好叫他可以凭着善行，并同样得到永远的生命。（12）使徒保罗同样指出："神却是一位，在众人里面运行一切的事。"（林前 12:6）但没有说："神在众人里面，使他们凡事相信。"（参见林前 13:7）信心是我们的工作，但良善的行为要归给那把圣灵赐给信徒的神。（13）这一论证曾经被用来反驳某些信了主基督的犹太人，虽然只有已经接受恩典的人才能有良好的行为，但他们既把荣耀归与他们在恩典莅临以前的行为，并且宣称因他们自己以前良善的行为，那他们就完全配得上福音的恩典。（14）但恩典的本质在于，神的呼召先于美德，它在罪人本应被定罪的时候就向他们发出。（15）但是如果他自由地追随神的呼召，他就配得圣灵的恩赐从而做出善的行为。并且在圣灵之中——同样通过他的自由意志——他就配得永久的生命，这生命不因任何的污点而败坏。

61.（1）"我要怜悯谁，就怜悯谁；要恩待谁，就恩待谁。"（9：11—15）①保罗在此表明，神这样做并没有什么不公义之处，因为有的人听到"双子还没有生下来，雅各是我所爱的，以扫是我所恶的"时，会认为神是不公义的。（2）所以他说："我要怜悯谁，就怜悯谁。"当我们还是罪人时，神就呼召了我们，这是神对我们的第一次怜悯。（3）他说，"神怜悯谁，就会呼召谁"，一旦人已经相信，"我便会再一次怜悯他"。但神是怎样再一次怜悯他的呢？就是把圣灵赐给这位正在信仰和寻求他的人。（4）现在，在赐下圣灵以后，神将会怜悯那些他已经怜悯的人，就是说，他会让信徒变得富有怜悯，好叫他们可以通过爱行出好的作为。（5）这样，当人能够对别人富有怜悯时，他就不敢把这归功于他自己，因为是神通过圣灵将爱浇灌在他心里，失去它的话没有人能够变得富有怜悯。（6）因此，神不是拣选了那些有良善行为的人，而是那些相信他的人，其结果就是神使他们能够做出良善的行为。（7）愿意相信的是我们，但是神通过圣灵将行善的能力赐给我们这些愿意相信的人，正是通过圣灵，神的爱浇灌在我们心里，使我们也能够变得富

---

① 奥古斯丁的释经要求严格注意拉丁语时态的呼应。

有怜悯。

62.（1）"据此看来，这不在乎那定意的，也不在乎那奔跑的，只在乎发怜悯的神。"（9:15）①保罗并没有废除人的自由意志，而是说我们的意志是不足够的，除非有神的协助，即神通过圣灵的恩赐使我们变得怜悯，使我们能够做出良善的行为。就如保罗在上文曾经说过的：（2）"我要怜悯谁，就怜悯谁，要恩待谁，就恩待谁。"（3）除非神已经征召了我们，否则我们不能够愿意；即便神召了我们，使我们能够愿意，但我们的意志与奔跑也是不充分的，除非神既给我们的奔跑以力量，又按他的呼召带领我们的道路。（4）因此，可以清楚地看到，我们做出良善的行为不是依靠我们自己的意志和奔跑，而是依靠神对我们的怜悯，虽然我们的意志（它自己是一事无成的）也是存在的。

（5）这一点与神对法老的责罚有关，经上说："我将你兴起来，特要在你身上彰显我的权能，并要使我的名传遍天下。"（9:17）所以我们在《出埃及记》中读到（6）法老的心变得刚硬，即便有清楚的迹象，他的心也不为所动（参见出10:1）。因此，作为一种惩罚，法老抵拒了神的命令。（7）没有人能够讲，法老的心变得刚硬是不恰当的：这是神对他不信的一种公正的审判。（8）人们也不应当以为，是因为神让法老的心刚硬，是因为法老不能够顺从神，他才没有顺从神。不如说，他的心变得刚硬完全配得上他先前的不信。（9）正如不是行为而是信心使蒙拣选的人配得通过神的恩赐来做好的行为，被定罪的人也一样：不相信与不敬虔使他们配得他们所遭受的惩罚。因此，他们作恶就是对他们的惩罚，正如使徒保罗在上面所言：（10）"他们既然故意不认识神，神就任凭他们存邪僻的心，行那些不合理的事。"（1:28）（11）所以保罗的结论就是："如此看来，神要怜悯谁，就怜悯谁；要叫谁刚硬，就叫谁刚

----

① ［译注］9:16(和合本)。

硬。"(9:18)(12)神若怜悯谁,就会使他行出良善的行为,而他要叫谁刚硬,就会任凭他做邪恶的事情。但是,神的怜悯给与了那些之前有了信德的人,而把那些不敬虔的人的心变得刚硬。(13)因此,我们的善行既是借着神的赏赐,我们的恶行也是因为神的责罚。不过,人还是有自由意志的,人可以自由地相信神从而获得神的怜悯,或者选择不敬从而遭受责罚。

(14)在给出上述结论后,保罗又从反对者的角度提出了一个问题:"这样,你必对我说,'他为什么还指责人呢?有谁抗拒他的旨意呢?'"(9:19)(15)保罗对这个问题给出了明智的回答,好叫我们明白,例如对于信与不敬最初的奖罚这样有难度的议题,只有属天的人才弄得清楚,而属地的人就弄不明白。神以预见的方式拣选了那些会愿意相信他的人,并定了不信的人的罪。(16)拣选和定罪都不是因人的行为,但神给与相信这一组人做出善行为的能力,并且让不信的那一组人的心变得刚硬,离弃他们,任凭他们行出邪僻的事情。

(17)我已经指出,这种理解是给属灵人士的,它是肉身的智慧远远不能参透的。就这样,保罗反驳了质疑分子,他也许认识到了人应当首先放弃由尘土造的肉身,才可以凭借灵性研究这类事情。(18)于是保罗说:"你这个人哪!你是谁,竟敢向神强嘴呢?受造之物岂能对造他的说:'你为什么这样造我呢?'窑匠难道没有权柄,从一团泥里拿一块做成贵重的器皿,又拿一块做成卑贱的器皿吗?"(9:20—21)(19)只要人是做成的,保罗说,他就像一团泥土,他还没有被引入属灵的事物,以便能判断所有的事情而没有人能够论断你;它理当可以抑制你提出这一类的质疑,使你不会与神强嘴。(20)因为合适的说法是,每一个想要理解神的忠告的人,他应当首先被纳入神的友谊关系,这种可能性只对属灵的人和已经显示了属天形象的人才存在。主耶稣说:"以后我不再称你们为仆人,因仆人不知道主人所做的事;我乃称你们为朋友,因我从我父所听见的,已经都告诉你们了。"(约15:15)(21)因为只要你们是窑匠的瓦器,你们就必首先被铁杖打破,如经上所记:(22)"你必用铁杖打破他们,你必将他们如同窑匠的瓦器摔碎。"(诗2:9)于是,随着人外在的东西被摧毁,人的内心得到了更新。当你在爱中得到了根基与建造,你或许就能够明白神的爱是何等长阔高深,你就可以理解神的爱是过于人所能测度的(弗3:18)。(23)既然神是从一团泥里拿一块做贵重的器皿,又拿一块做卑贱的器皿,这就不是你可以讨论的:不论你是什么人,你都是按照这团尘土生活,就是说,人只有地上的聪明和肉身的智慧。

63.(1)"神就多多忍耐宽容那可怒预备遭毁灭的器皿。"(9:22)保罗在这里充分说明了,法老变得刚硬的心是从他之前隐藏起来的不敬中合理衍生出来的。(2)然而,神忍耐宽容了他的不敬,到了适当的时候,神就向他施行天罚。神这样做来改正那些决意要从错谬中得自由的人,神通过呼召他们转回来向神虔诚和敬拜来带领他们,对他们的祷告和叹息,神也会给他们帮助。

64.(1)"神所召的,不但是从犹太人中,也是从外邦人中,就像何西阿书上说:'那本来不是我子民的,我要称为我的子民。'"(9:24)这里就是全部论证主题所要到达的结论。既然保罗教导说,我们良善的行为是依靠神对我们的怜悯,犹太人就不应当把荣耀归于他们的行为。当这些犹太人接受福音时,他们认为这应当归功于他们自己的功德,所以他们不愿意这福音传到外邦人那里。(2)他们现在应当停止这种傲慢,他们应当知道,假如我们蒙召信主不是通过我们自己的工作,而是依靠神的怜悯,这样我们这些相信的人才会做出善的行为。所以,他们不应当忌妒外邦人也得到了神的怜悯,好像这怜悯曾经临到犹太人是因为他们以前的功德,其实功德在这里什么也不是。

65.(1)"以赛亚指着以色列人喊着说:'以色列人虽多如海沙,得救的不过是剩下的余数。'"(9:27)这句经文暗示了主要做房角石,把两面的城墙联合在他里面。(2)因为下面是"何西安"代表外邦人所做的见证:"本非我民的,我必对他说,你是我的民,素不蒙怜悯的,我必怜悯。"(何2:24)①而"以赛亚"代表以色列人做了见证,"得救的不过是剩下的余数"(赛10:22),②他们可以看作在亚伯拉罕的后裔中那群相信了基督的人。(3)因此,主耶稣将以色列人和外邦人联合起来,他甚至在福音书中也见证了这一点。他对外邦人说:"我另外有羊,不是这圈里的;我必须领他们来,他们也要听我的声音,并且要合成一群,归一个牧人了。"(约10:16)

66.(1)"弟兄们,我心里所愿的,向神所求的,是要以色列人得救。"(10:1)保罗在这里开始讲到他为犹太人而生出的盼望,以免外邦人将来敢在以色列人面前趾高气扬。(2)因为,正如保罗曾经反驳以色列人把荣耀归给他们自己的作为而傲慢,同样,对于外邦人,保罗要防止他们觉得好像他们比犹太人更加蒙神的恩待而自我膨胀。

67.(1)"这道离你不远,正在你口里,在你心里。就是我们所传信主的道。你若口里认耶稣为主,心里信神叫他从死里复活,就必得救。因人心里相信,就可以称义;口里承认,就可以得救。"(10:8—10)(2)这都涉及保罗前面所说的:"因为主要在世上施行他的话,叫他的话都成全,速速地完结。"(9:28)(3)因为以前曾经压迫犹太人民的繁重仪式已经免去了,好叫我们借着神的怜悯,通过对信仰简洁的告白就可能得到拯救。

68.(1)随后,保罗引用摩西的话指出:"我要用那不成子民的,惹动你们的愤恨;我要用那无知的民触动你们的怒气。"(10:19)通过称呼他们为"无知的"民,保罗解释了"那不成子民"的意

---

① [译注]2:23(和合本)。
② [译注]在和合本中此处经文是:"以色列啊! 你的百姓虽多如海沙,唯有剩下的回归。"

思,就像无知的民不应当被称为子民。(2)但保罗指出,这不成子民的信心要惹动以色列人的愤恨,因为他们已经接受了以色列人曾经抗拒过的。或者可以肯定地说,保罗称他们"不成子民",称他们是"无知的民",因为他们纵然是无知的,他们把自己完全托付与偶像,然而他们通过相信,就把自己外邦人的身份拿去了。(3)因此,保罗说:"那未受割礼的,若遵守律法的条例,他虽然未受割礼,岂不算是有割礼吗?"(2:26)因此他的意思就是,"我要用那不成子民的,惹动你们的愤恨",因为他们尽管无知地膜拜偶像,但是通过相信基督,他们就抛开了他们的外邦人身份。

69.(1)"神弃绝了他的百姓吗?断乎没有!因为我也是以色列人,亚伯拉罕的后裔,属便雅悯支派的。"(11:1)这涉及保罗之前的说法:(2)"这不是说,神的话落了空,因为从以色列生的,不都是以色列人;也不因为是亚伯拉罕的后裔,就都做了他的儿女。唯独从以撒生的,才要称为你的后裔。"(9:6—7)(3)因此,事实上只有信了主的犹太人才被算为后裔。这就是保罗为什么在上面说,"得救的不过是余数"。

70.(1)"我且说,他们失脚是要他们跌倒吗?断乎不是!反倒因他们的过失,救恩临到外邦人。"(11:11)保罗并不认为犹太人不曾跌倒,只是说他们的跌倒不是枉然的,因为它给外邦人的得救带来了益处。(2)因此以色列人并没有犯罪而致跌倒,换句话说,跌倒是一种惩罚,好叫这跌倒本身于外邦人的得救有益处。(3)保罗后面甚至为犹太民族不信的过失而开始称赞他们,好叫外邦人不要自傲,因为犹太人的跌倒对他们的得救十分宝贵。外邦人就应当更加小心了,以免他们越来越傲慢也同样地跌倒。

71.(1)"你的仇敌饿了,就给他吃;若渴了,就给他喝;因为你这样行,就是把炭火堆在他的头上。"(12:20)对于很多人来说,这句经文似乎违反了主耶稣的教诲,因为他告诉我们要爱我们的仇敌,为那逼迫你们的人祷告(参见太5:44),它与保罗之前的论述似乎也有冲突,(2)"逼迫你们的,要给他们祝福,不可咒诅"(12:14),保罗还说,"不要以恶报恶"(12:17)。假如"炭火"在这里指一种严厉的责罚,给他吃喝是要把炭火堆在他的头上,那怎么可以说是在爱他呢?(3)其实这句经文的含义是:我们要恩待仇敌,或者可以惹动他们悔改。(4)因为这炭火能够点燃、惹动他们愤慨,就像是放在他们灵魂的头上使他们悔改,燃尽他们心中的邪恶。《诗篇》也谈到了这炭火:"诡诈的舌头啊,要给你什么呢? 要拿什么给你呢? 就是勇士的利箭和罗腾木的炭火。"(诗 119:3—4)①

72.(1)"在上有权柄的,人人当顺服他,因为没有权柄不是出于神的。"(13:1)保罗非常正确地发出了一个警告,为免有人因为主耶稣已经选召了他,他已经得到了自由,做了基督的门徒而就可以傲慢。同时,这也避免他以为可以在生命的旅程中失去自己的位置,或者不应当服从在他之上的政府当局,要知道,地上的事务也许都归政府当局管治。(2)我们既有灵魂,也有身体,不论我们尘世的生命有多久,我们都需要地上的事物来维续。对于我们这属世的躯体来说,顺服在上有权柄的,即管理人类事务的政府长官就是适宜的。(3)但就我们的灵而言,我们是借着它相信神,我们又蒙神的选召进入他的天国,因此,我们就切不可顺服任何人的情欲,以免破坏了我们身上的某种事情,神正是通过它赏赐给我们永生的恩典。(4)所以,如果以为作为一名基督徒就可以不纳粮上税,就可以不恭敬管理这事务的政府当局,这是非常说不过去的。(5)同样,如果以为要顺服政府当局,以至于把信仰也要交给他,那么他就犯下了一个更加不可谅解的错误。你们应当像主耶稣亲自教导的那样,把凯撒的物归给凯撒,把神的物当归给神(太22:21)。(6)因为即使我们蒙召入了神的天国(在那里没有类似

---

① ［译注］诗 120:3—4(和合本)。

地上的政府当局,一切掌权的王和权力都是枉然的),然而在我们抵达神统治的天国之前的这段旅程中,我们就要为了日常社会秩序的缘故而忍受环境,但我们不要跌倒,不要顺从人,多于顺从掌管一切的神。

73.(1)"你愿意不惧怕掌权的吗?你只要行善,就可得他的称赞。"(13:3)这样说会惹怒一些人,因为他们知道,基督徒常常在政府当局手下遭受逼迫。(2)他们会说:"难道基督徒所做的不是好事吗?但政府当局不仅没有称赞他们,相反还捉拿他们,甚至夺去他们的颈项。"但他们必须注意保罗所使用的措辞,保罗并没有说"你只要行善,政府当局就会称赞你",保罗说的是"你只要行善,就可得他的称赞"。(3)所以,不管政府当局是称赞你好的行为,还是逼迫你,"就可得他的称赞"。因为,要么你对神矢志不渝而得到称赞,要么你虽然遭受逼迫却赢得殉道的荆冠。(4)接下来的经文也要以同样的方式来理解,尽管做官的为恶,但保罗说:"他是神的用人,是与你有益的。"(13:4)

74.(1)"所以你们必须顺服。"(13:5)这句经文可以帮助我们明白,我们是因为此生的生命而必须顺服政府当局的,我们不应抗拒那要从我们这里征收钱粮的人,因为神已经赐给他权柄来管理地上的事务。由于这些事情终将烟消云散,所以我们顺服不是为了永久的利益,而是因为此世短暂的生命。(2)保罗虽然说"你们必须顺服",但为免有人并不出于纯粹的爱,没有从心里面顺服在上的权柄,保罗就继续说:"你们必须顺服,不但是因为刑罚,也是因为良心。"也就是说,顺服不只是为了逃避政府的刑罚,这样做是不诚实的;你们应当从良心中认识到,你们要出于对他们的爱而顺服他们。因为是神命令你们顺服,"他愿意万人得救,明白真道"(提前2:4)。(3)因为保罗同样在心里谈到这一类权柄,他在另一处劝勉为仆的人说"不要只在眼前事奉,像是讨人喜欢的"(弗6:6),因此仆人要甘心事奉他们的主人,仆人不应憎恶主人,也不应用诡诈来得到赞许。

75.（1）"因为爱人的,就完全了律法。"（13:8）保罗教导说,律法的完全在于爱,在于仁慈。（2）主耶稣也说,在所有的诫命和先知的教导中,有两条最大:爱神和爱你的邻人。（3）所以主耶稣来是要完全律法,通过圣灵来爱我们,我们之前害怕所不能完全的,现在就被爱完全了。（4）当保罗说"命令的总归就是爱,以及,这爱是从清洁的心和无亏的良心、无伪的信心生出来的"（提前1:5）时,他表达的也是同样的观点。

76."你们晓得现今就是该趁早睡醒的时候。"（13:11）它与另一段经文相关联:"看哪,现在正是悦纳的时候,现在正是拯救的日子。"（林后6:2）保罗在此指明了福音的时候,在那个时刻,相信神的人将要得救。

77.（1）"不要为肉体安排,去放纵私欲"（13:14）,①这说明,如果只是为了维持身体康健的基本需要,那么"为肉体安排"就无可指斥。（2）但如果这方面的需求过于贪婪和奢侈,甚至糜烂,如果人已经沉溺在肉体情欲所渴求的那些事情上,那么他肯定就要受到严厉的责打。因为这时他的安排是为了满足肉体的私欲,"顺着情欲撒种",即享受肉体感官刺激的,"必从情欲收败坏"（加6:8）。

78.（1）"信心软弱的,你们要接纳,但不要辩论所疑惑的事。"（14:1）保罗认为,我们应当接纳信心软弱的人,以我们的力量来坚固他们的软弱。我们不要与他的意见相争,例如,我们不要论断别人的心,因为别人的心我们不一定明白。（2）保罗接下来说:"有人信百物可吃;但那软弱的,只吃蔬菜。"（14:2）因为在当时,信心坚固的人知道主曾经教导:使人不洁净的,不是进到嘴里的,而是从嘴里出来的。一个人的心地是否纯洁,与他所吃的食物并没有关系。但信心软弱的人拒绝酒品与肉类,以免自己因为不

①　这是《忏悔录》8.7.29提及的同一节经文,奥古斯丁完成了他信主的转向。

知情而吃到祭过偶像的食物。（3）那时，在外邦人的食品商店里也有祭过偶像的肉出售，他们还把第一碗酒用来祭奠他们的偶像，并在酒窖里面准备祭品。（4）于是保罗要求，那心地洁净的人，虽然可能享用过祭过偶像的食物，但他们不可因有人信心软弱而远离这类食物就轻看他们。保罗也要求信心软弱的人不要以为饮酒食肉的人就是污秽的。（5）所以保罗继续说："吃的人不可轻看不吃的人，不吃的人不可论断吃的人。"（14：3）因为在当时的教会中，信心坚固的弟兄总是固执地责备软弱的，而信心软弱的弟兄动辄就论断信心坚固的。

79.（1）"你是谁，竟论断别人的仆人呢？"（14：4）保罗这样说是为了表明，有一种事情，人们把它做出来是出于善良的动机还是邪恶的动机要留给神来审判。我们不可论断别人的心，因为别人的心我们不一定看得明白。（2）不过还有一类事，人做出这种事明显不可能是出于良善和道德的动机，论断这类人就不是错误的。一方面，就食物来说，由于我们不晓得他们选择食物时的内心态度，所以这类事务应当由神而非我们来审判。另一方面，对于像夺走父亲的妻子这样荒淫的行为，保罗教导我们还是应当论断（林前5：1以下）。（3）因为人不可能说，他是出于良善的起意而行出这样放荡的事来。这事情如此不合情理，人们不可能说"我是出于一番好意才做的"，所以我们必须要论断这种人。但如果做某事的起意是不明的，我们就不应论断，而是把他留给神，如经上所记："隐秘的事是属耶和华我们神的；唯有明显的事是永远属我们和我们子孙的。"（申29：29）

80.（1）"有人看这日比那日强，有人看日日都是一样。"（14：5—6）暂时来说，除了其他更好的理解以外，我似乎认为保罗在这里不是在说两种人，而是在谈论神和人。（2）看这日比那日强的是人，因为他可以今日以一种方式来判断某事，而明日以另一方式来判断；他可能今天把某个人看作坏人，而到了明天，借着证据或悔改,他又会改正自己的观点,发现这个人原来是位好人。相反的情况同样成立:虽然他今日会称赞某人是一位义人,但明天他会把他看作恶人。(3)而看日日都一样的是主耶稣,因为他不仅知道每个人今天有怎样的品质,而且对他们将来会有怎样的品质也了如指掌。(4)因此,保罗说:"各人心里要意见坚定。"(14:5)这是说,承认我们最多只能按照人的智慧,或者他自己特殊的情况来论断。"守日的人是为主守的"(14:6),这意味着当他看今日要比那日强,他是为主的缘故而守日。(5)如果你看某个人在今日比那日强,你是从他目前的缺点来判断的,但不要为他以后的改正感到绝望。

81.(1)"人在自己以为可行的事上能不自责,就有福了。"(14:22)你们应当特别地把这句经文与保罗之前的陈述"不可叫你的善被人毁谤"(14:16)对照起来读。(2)就在这句经文之前保罗说"你有信心,就当在神面前守着",因为这种信心是好的,我们借着它相信,对于洁净的人来说,凡物没有不洁净的,所以我们不会因为行这样的事而责备自己。我们应好好地运用我们的信心,我们不可误用我们的信心,以免给我们信心软弱的弟兄跌在了绊脚石上,也以免我们得罪了自己的弟兄。因为当我们羞辱信心软弱的弟兄时,我们就以这好的信心定了我们自己的罪,但当这信心使我们喜乐时,我们就没有在自以为可行的事上责备自己。

82.(1)"我说,基督是为神真理作了受割礼人的执事,要证实所应许列祖的话。并叫外邦人,因他的怜悯,荣耀神。"(15:8)保罗的此番说法意在使外邦人认识到,主基督已经被差遣去犹太人那里,所以你们不要骄傲。(2)不过既然犹太人弃绝了这道,福音就转向了外邦人。这一点在《使徒行传》中表现得十分明确,使徒们对犹太人讲:"神的道先讲给你们原是应当的;只因你们弃绝这道,断定自己不配得永生,我们就转向外邦人去。"(徒13:46)(3)而且,这也符合主耶稣自己的见证,他说"我差遣不过是到以色列家迷失的羊那里去"（太15:24），还说"不好拿儿女的饼丢给狗吃"（太15:26）。（4）假如外邦人多方思考，凭着他们自己的信心——借此他们现在相信，"在洁净的人，凡物都洁净"——他们就会明白，虽然从犹太教中归主的信徒由于害怕接触偶像而对一切肉类避而远之，他们的信心或许仍然软弱，但是我们也不应当轻看他们。

83.（1）"使我为外邦人做基督耶稣的仆役，做神福音的祭司，叫所献上的外邦人，因着圣灵成为圣洁，可蒙悦纳。"（15:16）当外邦人相信了基督，他们就因着福音而成为圣洁，他们就作为蒙悦纳的祭而向神奉上。如保罗在上面所言：（2）"所以弟兄们，我以神的慈悲劝你们，将身体献上，当作活祭，是圣洁的，是神所喜悦的。"（12:1）

84.（1）"弟兄们，那些离间你们，叫你们跌倒，背乎所学之道的人，我劝你们要留意躲避他们。"（16:17）保罗这里所谈论的人，他在致提摩太的信件中写道：（2）"我往马其顿去的时候，曾劝你仍住在以弗所，好嘱咐那几个人不可传异教，也不可听从荒渺无凭的话语和无穷的家谱；这等事只生辩论，并不发明神在信上所立的章程。"（提前1:3、4）还劝提多：（3）"因为有些人不服约束，说虚空话欺哄人；那奉割礼的，更是这样。这些人的口总要堵住。他们因贪不义之财，将不该教导的教导人，败坏人的全家。在革哩底人中的一个本地先知说：'革哩底人常说谎话，乃是恶兽，又馋又懒。'"（多1:10—12）

（4）保罗在另一处也提到了这个观点，他说"这人并不服事主基督，而是服事他们的肚腹"，如保罗在另一处所言："他们的神就是自己的肚腹。"（腓3:19）

未完成的《罗马书》注疏

1. （1）就人们能够理解的字面意义而言,使徒保罗的《罗马书》提出了一个这样的问题:我们主耶稣基督的福音临到了犹太人,这仅仅是因为他们律法之工的功德,还是说,那因着信、从耶稣基督里面而来的、恩泽万民的义,是否与任何做出的善工没有关系? 在后一个例子中,人们相信他们能够开始一种义的生活,这不是因为他们以往的正直,而是因着信心被算为义。（2）所以保罗所要教导的就是:我们主耶稣基督福音的恩典是预备给万民的。为什么可以叫作"恩典"? 保罗接下来说明,因为它不是支付人义行的工价,而是白白的付予。（3）有从犹太教归主的基督徒曾经鼓动反对外邦人,他们特别抵挡使徒保罗,因为保罗向外邦人传讲基督的名,但没有强制他们行割礼。保罗认为,那未受割礼的,没有行律法之工的,同样可以领受福音的恩惠。（4）可是,保罗在教导这一点时显得颇为谨慎。他要防止以色列人因为他们行律法的功德而傲慢,而在外邦人这边,虽然是以色列人把基督钉死在木头上,但保罗也不允许外邦人因为他们接受基督的信德而轻慢以色列人。保罗在其他地方指出,主耶稣是房角石,而他自己的职分就是来向外邦人宣讲主耶稣的福音。借着从神而来的恩惠,保罗要将以色列人与外邦人联合在基督的里面,通过谦卑的操练与管教,保罗要拿去他们因自己的功德而在心中滋生的骄傲,使他们能够一同被称为义(参见弗 2:20)。

2.（1）于是,保罗起笔写下:"耶稣基督的仆人保罗,奉召为使徒,特派传神的福音。"(1:1)通过"奉召"与"派传"两个词,保罗言简意赅地区隔了教会的尊荣与会堂的废弃。(2)事实上,"奉召"的才可以被称为教会,而会堂则是指"聚集"。① "奉召"更适合谈论人,而"被聚集"更像是在谈论畜群——这就是为何畜群(herds)这个词即聚集(gatherings)通常被用来指称动物。(3)《圣经》中虽有多个地方称教会它自己为神的羊群、牧群或者羊舍,但当这些与人比起来,它指的就是过去的生命。(4)显然,永恒真理的灵粮并不能让这类人欢愉,可以说,他们只喜欢今生获得的属世的草料。因此,保罗是"耶稣基督的仆人,奉召为使徒",并加入教会。(5)再者,假如拉丁词与希腊词的意思完全一致,保罗是"特派传神的福音"——如果不是离开会堂的羊群,那是离开哪里呢?

3.（1）保罗正确高举了神的福音,他说他由着先知的权柄来转达神的福音。他这样说是为叫外邦人警醒,他已经蒙召,被基督拣选作他的信徒。他已在犹太人中间传讲过基督的名,所以也轮不到外邦人来夸口。(2)人因信称义的福音,是神从前借着犹太众先知已应许的,由于先知已在犹太人中间出现,保罗也见证了这福音。因此,保罗说:"我特派传神的福音,这福音是神从前借众先知,在《圣经》上所应许的。"(1:2)(3)事实上,外族人中间也有先知,他们听说并预言过基督的事迹。据说,希贝尔(Sybil)甚至预言了耶稣的降临,如果这不是出于罗马最伟大诗人的笔下,我是不信她能够预言的。这位诗人在描绘世界更新为神的国度以前,先写了一行诗:"库米城之歌预言的末世近了。"(维吉尔:《牧歌集》,4.4)(4)人们都晓得"库米城之歌"(Cumaean song)就出自希贝尔之手。虽然保罗知道,外邦人的书籍里面也包含真理的见证(正如

---

① 两个平常的与教会有关的希腊词。*ἐκκλησία*[教会]源于*καλέω*[召],字根*κλη*;会堂源于*συνάγω*[使……在一起]。

在《使徒行传》中当保罗与雅典人交谈时,他非常明确地表明了这点[徒17:28]),但他不仅说"借神的众先知",(5)(为免有人相信假先知的见证而亵慢了神,)他还说这福音是要"《圣经》"应许的。这无可辩驳地说明,外邦人写的书里面塞满了迷信与偶像,不能因为它们也论到了基督,就将其看作神圣的作品。

4.(1)此外,人们总是被自己想象的形象所欺惑,但犹太人不拜偶像,至少他们不拜人手所造的偶像。为免有人向犹太人推举外邦人中的先知,(2)也免得有人论证说,因为有其他先知宣告基督之名,这些书而不是那些神交托给希伯来民族的书才是神圣的经书,所以对我而言十分合宜,保罗说过"在《圣经》上所应许的"后,又说:"论到他儿子我主耶稣基督,按肉体说,是从大卫后裔生的。"(1:3)(3)因为大卫无疑是犹太人的王,而且,可以说这些预言基督来临的先知就是从这个民族中出现的,而他就如他们曾预言的,从这个民族中取了肉身。(4)保罗也曾经抵挡那不敬的人,他们只从我们主耶稣所成的人身上接纳他的人性,却不领会他的神性,这神性使他与其他所有的造物不同。他们就像犹太人,以为基督不过是大卫的子孙,忽视了他也是大卫本人的主的那种卓越性,他是神的儿子。(5)于是基督在福音书中,仍以这位大卫的预言驳斥了他们的看法。(6)他问这些人,如果他从大卫后裔生,大卫为何呼他为主?对于这个问题,他们本应答复,按着肉体讲他是大卫的子孙,不过按着神性说,他就是神的儿子,这同一位大卫的主。(7)使徒保罗因为已知道此,就说:"这福音是神从前借众先知,在《圣经》上所应许的,论到他儿子我主耶稣基督,是从大卫后裔生的。"并加上一句"按肉体说",免得他们认为这肉体的遗传就穷尽了基督的意义。(8)就这样,保罗以"按肉体说"为限,保守了基督神性的荣耀,这神性既不属大卫的后裔,也不能归与天使或者任何你所愿的最卓绝造物,因为这神性是神的道,万物都借他而造。(9)按肉体说,这道是从大卫的后裔生,住在我们中间,但它没有改变或转化为肉体,他取肉身的形状是为了我们眼所能见。(10)因此,使徒通过加上"按肉体说",以及通过说"生的"区分了基督的人性和他的神性。因为就基督是神的道而言,他既不是被造的,也不是被生的。(11)然而万物都因他而造(约1:3),他不是与借着他而造的万物同时被造的。他也不是在万物之先被造,好让除了他自身之外的万物可以借着他而被造。假如说他是在万物造成以前就已经被造好,那就不能说借着他而造的那些物是"万物",说"万物"借着他造就不准确,因为如果他自身事实上也是被造之物,那他自身也应当在"万物"之列。(12)所以使徒,当他说基督是"被造的"或"生的"时,会加上"按肉体说":因为他是道,是神的儿子,他不是被神造的,如保罗所解释,但是因他受生的。

5. (1)并且这同一位"按肉体说,是从大卫后裔生的"人,保罗称他"以大能显明是神的儿子",不是按着肉体说,而是"按着灵说",并且不是一般的灵,而是"因从死里复活的圣善的灵"(1:3—4)。(2)因为从死里复活显示了基督的大能,从而就可以说:"按圣善的灵说,因从死里复活,以大能显明是神的儿子。"(1:4)我们主的复活彰显出随之而来的一个新的圣洁的生命。(3)如保罗在别处所述:"所以你们若真与基督一同复活,就当求在上面的事,那里有基督坐在神的右边。"(西3:1)(4)在此语序可以是这样的,"因从死里复活"不与"按圣善的灵说"连接,而与"他被显明"连接。于是句子的顺序就是"他因从死里复活而被显明";并且在这个顺序中添加了下述句子:"按圣善的灵说,以大能显明神的儿子。"(5)这样读起来似乎要更加确定和理想:按肉体说,基督是大卫的后裔,有他的软弱;但按圣善的灵说,基督以大能是神的儿子。(6)"因他是从大卫后裔生的"(1:3),就是说,因他必死的身体他是大卫的子孙,因他是大卫的子孙他也曾死。但是他"因从死里复活","显明为神的儿子"以及这同一位大卫的主。(7)他的死关乎他的大卫子孙的身份,他从死里复活关乎他作为神的儿子以及那同一位大卫的主的身份。正如同一位使徒在别处所言:"他因软弱被钉在十字架上,却因神的大能,仍然活着。"(林后13:4)因此软弱与大卫有关系,而恒久的生命与神的大能有关系。(8)并且大卫表明了他是自己的主:"耶和华对我主说,'你坐在我的右边,等我使你的仇敌做你的脚凳'。"(诗109:1)①(9)在从死中复活后,他坐在父的右边。因此被圣灵感动的大卫看到基督因从死里复活显明为神的儿子,并坐在父的右边,就不敢呼基督为自己的儿孙,反而说"我的主"。(10)因此,使徒在说"因从死中复活"后,还添加道"耶稣基督我们主的",就像在指明大卫曾宣告基督是他的主,而不只是他的子孙。

　　(11)此外,保罗没有说,因他从死中复活(resurrectione a mortuis)而显明,而是说"因众死者的复活"(resurrectione mortuorum)②显明为神的儿子。他自己复活并不能说明他是神的儿子,也不能说明他作为教会之首的最高尊荣,因为另有人也会从死里复活。但是,他首先复生显明了他是神的儿子,所有的死者因他复活,这显明了他是神的儿子;这就是说,他在其他人之上和之先复活,当保罗在"显明"之后写下"神的儿子"时,这就可以作为那至高尊荣的确据。(12)因为只有神的儿子才可以如此妥当地显明他是教会的元首,保罗在别处称他为首先从死里复生的(西1:18)。(13)基督将严格审判那从死中复活的人,他就在他们之先,做了他们的榜样。并且,他不是所有复活之人的榜样,而是那复活,并永永远远与他一同掌权之人的榜样,因他们就像身子,而基督就是

---

① [译注]诗110:1(和合本)。

② [译注]resurrectione mortuorum 与 resurrectione a mortuis 语法意义上的区别在于,前者用的是"死人"这个词的属格复数,可译作"死者的复活";后者用的是"死人"这个词的离格复数表示来源,可译作"从众死者中复活"。和合本译作"从死中复活"。有兴趣的读者还可对勘"使徒信经"的各种中译版本:"第三天从死人中复活""第三天从死里复活"等等。

身子的头。他是在他们的复生中得以显明,他是他们的元首;就他自己的复生而言,他并不率领他们,而只是审判他们。(14)因基督不是从那将要定罪之人的复生中显明的,保罗写"从死者的复活中显明"是希冀人们理解基督"先于死者的复活而复活",因为基督在那追随他的人以先去往天国。(15)因此,保罗没有说:"因从死里复活显明是神的儿子,耶稣基督我们的主。"保罗说的是:"因从耶稣基督我们的主'的'死者的复活,显明是神的儿子。"就像他曾经说过的,"因他自己的死者的复活",这就是说,那属于他的人将有永远的生命。这场景就像有人问保罗:"什么死者?"然后保罗回答:"属于我们主耶稣基督他自己的死者。"(16)因为他不是因其他死者的复活显明,他没有带这些人进入永生的荣耀,这类人定不追随基督,他们的复活并不显明他是神的儿子,因为不信神的人也会因为他们的惩罚而复活。(17)因此,他作为神唯一受生的儿子,和首先从死中复生的人,就因"死者的复活而显明"——什么死者? 如不是"我们主耶稣基督的"死者,那还会是谁?

6.(1)"我们从他受了恩惠,并使徒的职分。"(1:5)保罗得到的不单是职分,他与所有的信徒同受基督耶稣的恩惠。假如保罗说他只受使徒的职分,他就会显得忘恩负义,也会显得他领受使徒的职分是因他以先行为的功德。其实他的罪是因神的恩惠而得豁免的。(2)在保罗自己这个情况中,他正确抵挡了一个主要的危机(cardinem),从而使人不再敢说他是因自己先前的作为而被领入福音。使徒在教会的元首基督以下,却远在教会其他肢体之上,当保罗都这样说时,试问还有谁敢宣称他是靠自己的行为而受了恩惠? 倘若保罗不是首先与其他信徒一道,同领受了那洁净罪人、宣告罪人为义的恩惠,他怎么可能领受使徒的职分?(3)于是,保罗继续写:"在万国之中叫人为他的名信服真道。"也就是说,既然保罗说他已受了使徒的职分,他就称我们主耶稣基督的名而信服,为的是让每个想望得救的人都可以相信基督,使他们的命运都为基督的名而定。（4）保罗在这里教导，这救恩不单是为了以色列人，就像某些犹太人基督徒所认为的。所以保罗写道："在万国之中，也有你们这蒙召属耶稣基督的人。"（1：6）这就意味着，纵然你不属于以色列民族，而是属于其他民族，你也是属耶稣基督的，因为救恩会临到万国。

7.（1）至此，作为这封信的作者，保罗已简单介绍了自己："耶稣基督的仆人保罗，奉召为使徒，特派传神的福音。"（2）但是，人们会问这是什么福音？他就回答说："论到他的儿子，这福音是神从前借众先知，在《圣经》上所应许的。"于是问题再次出现：谁的儿子？保罗回答："按肉体说，是从大卫后裔生的。按圣善的灵说，因从死里复活，以大能显明是神的儿子。"（1：4）（3）接下来，就像有人问保罗：你和他有什么关系？保罗的回答是："我从他受了恩惠，并使徒的职分，在万国之中叫人为他的名信服真道。"（1：5）（4）再一次，就如又有人问：你为何要向我们修书一封？保罗说，因为"其中也有你们这蒙召属耶稣基督的人"（1：6）。（5）接下来，保罗按常人写信的惯例给出了收信人的敬称："我写信给你们在罗马为神所爱，奉召作圣徒的众人。"保罗在此再次强调了神的仁慈，而不是人的功德。所以他不说写给"那爱神的人"，而是写给"那为神所爱的"。（6）因为神的爱先于人的一切功德，我们爱神是因为神首先爱了我们。（7）保罗还写道："给那奉召做圣徒的众人。"因为，人虽然可以确信自己听命于神的召命，但是没有人能够自称已然蒙召。此外，人也不应当认为"奉召为圣徒"表明他们蒙召乃因他们的圣洁。不如说，他们因奉召而变为圣洁。

8.（1）保罗没有依循惯例在信的开头给人问安，如说"某某向君请安"，①而是代之以"愿恩惠平安，从我们的父神，并主耶稣

---

① 参照下文 12.9—13.6。

基督,归与你们"。因为并非所有的恩惠都出自神。(2)例如,考虑到人会因贪婪而受到引诱,或因威胁而心惊胆战,在这种情况下,连邪恶的法官都可趁机给他们恩惠。(3)此外,也不是全部的平安都属于神、出于神,这就是为何主要亲自分别清楚。他说,"我将我的平安赐给你们",并继续说,"我所赐的,不像世人赐的"。(4)那从父神,并主耶稣基督而来的恩惠,才可以除掉曾使我们与神背离的罪;那从父神,并主耶稣基督而至的平安,才能使我们与神复归和好。(5)当曾使我们与神相隔的罪被恩典所赦,怨意也就消散,我们才可以在平安中牢牢地抓住神。先知尝言:(6)"他耳朵并非发沉不能听见,但你们的罪孽使你们与神隔绝。"(参见赛59:1以下)但当这罪孽因信我们主耶稣基督而得到了豁免,平安便临到我们,我们与神之间也不再有挠阻隔绝。

9.(1)也许,会有人想望思索神的公义,当神馈赠赦免罪人的恩惠时,我们该如何理解神的审判呢?(2)神的公义是不容怀疑的,如果有人不想遭受神的责罚,就在它尚未做出之前悔改自己的罪,神会施怜悯将他们从冥顽不化之徒中分别出来,这样做就是全然公义的。冥顽之徒为他们的罪孽强嘴,却不愿改正自己的罪。(3)前一组人并不轻慢神的征召,他们对罪恶行径恨之入骨,神若将他们同后一组人一并责罚,反倒失了公义。因为神与他们同样憎恶他们的罪。(4)这正好是对人类正义的管教:不爱自己行出来的,却爱从神来的恩惠,并憎恶我们自己;既不属意我们自己的罪,亦不定人的罪,不靠自己得救;若非以最大的警醒远离了罪,就不以对罪的烦厌满足;若非从神那儿得了帮补,就不以自己的力量而满足。(5)因此,不论他们以前有何等的作为,神都算公正地豁免了他们,以免(这是最不公义的)把他们与冥顽之徒混同,将他们编在一组考虑。(6)因此,神公正地赦免了他们,并且,由于他赦免了他们,因此他是仁慈的。可以说,公义是神的恩典,而仁慈就是他的公义。在这里,神的恩典同样先于对悔改的回报,除非神的呼召与劝诫已然临到了他,否则没有人能够忏悔自己的罪。

10.（1）并且,神的公义是不可动摇的。由于我们罪的本性,即使人悔改后不再遭受灵魂上的永罚,他们也不能免去身体的患难与痛楚,直到身子自己灭亡;我们要知道,即便殉道者也为之感到困扰。（2）这样,如果正派与敬虔之士都要忍受这不利,人们就须相信它们都是出于神公义的审罚。（3）《圣经》把这种甚至义人也不可避开的鞭打称作管教。（4）事实上,保罗没有让任何人免除这管教,他说:"因为主所爱的他必管教,又鞭打凡所收纳的儿子。"（来 12:6）甚至约伯也受了多加的患难,以致他要殷殷地告诉人,他是神忠实的臣仆,他亦要常常见证身体因自己的罪孽而受的苦难。（5）使徒彼得也勉励他的同工弟兄要存忍耐的心,为基督的名受苦,他说:"你们中间却不可有人,因为杀人、偷窃、作恶、好管闲事而受苦。若为做基督徒受苦,却不要羞耻,倒要因这名归荣耀给神。因为时候到了,审判要从神的家起首,若是先从我们起首,那不信从神福音的人,将有何等的结局呢? 若是义人仅仅得救,那不虔敬和犯罪的人,将有何地可站呢?"（彼前 4:15—18;参见篇 11:31）（6）彼得于此清楚地教导,神也从神自己的家起首审判义人,让义人也经历苦,好叫人从中推想,不虔敬的人将要遭受何等严厉的责打。

（7）保罗也对帖撒罗尼迦教会说:"甚至我们在神的各教会里为你们夸口,都因你们在所受的一切逼迫患难中仍旧存忍耐和信心,这正是神公义判断的明证。"（帖后 1:4 以下）（8）这完全相合于彼得的说教,即神起先审判的乃是神自己的家,它也完全相合于保罗在此所举出的先知的话:"看哪,义人在世尚且受报,何况恶人和罪人呢?"（篇 11:31）（9）也是因为这个原因,我认为,神借着先知"拿单"警告了大卫王（参见撒下 2 章）。虽然大卫悔改后神很快除掉了他的罪,但他仍然遭受了诸多的祸患。这表明,神已在灵性的层次上免了人的罪,为的是警告那现在还不愿悔改的人,将来还有更多的责罚在等候他们。(10)彼得在另一处说:"为此,就是死人也曾有福音传给他们,要叫他们的肉体按着人受审判,他们的灵性却靠神活着。"(彼前4:6)(11)我已经在目前经文所允许的范围内力所能及地说明了,神的恩惠与平安并不可以认作他偏离了公义。(12)甚至当主应许平安时,他说:"我将这些事告诉你们,是要叫你们在我里面有平安。在世上你们有苦难。"(约16:33)但当困苦与患难是出于神对罪公义的审判时,它就不会让义人犯罪。他们憎恶罪胜过憎恶身体的伤痛,这些审判与困苦就完全洁净了他们的每一处污点。(13)只要现在神已经通过信把平安赐给了我们,我们的灵有不可动摇与不可改变的平安,到那日子满足的时候,身体也会得到完全的平安。

11.(1)使徒说"愿恩惠平安,从我们的父神,并主耶稣基督归与你们"时,没有加上圣灵。我认为,他这样做显得是要叫我们知晓,神的恩赐就是圣灵。事实上,恩惠与平安若不是神的恩赐,还可以是其他事吗?(2)因为,那免我们罪的恩惠,并使我们与神和好的平安,都是借着圣灵给予我们的。因此,这句问安相当于承认了三位一体,也承认了神性不可更改的合一。(3)我绝对地相信这点,因为保罗习惯以这种问安作为他书信的开场白,除了他的《希伯来书》。保罗在那里有意地省略了它,以免正寻衅性地责骂他的犹太人因这名起反感,就要么带着邪灵阅读,要么选择将他为了他们的得救而写的东西束之高阁。(4)有人就出于这个原因而迟迟不肯接纳它为正典。尽管如此,除了这个特例,所有其他被教会一般认作保罗的书信都有这样一个问安,只是在《提摩太前书》与《提摩太后书》这两封信件中,保罗还插入了"怜悯"这个词。(5)在那里保罗这样写:"愿恩惠怜悯平安,从父神和我们主基督耶稣,归与你。"(6)他这样做,因为他以一种更加亲密因此更温柔的方式给提摩太写信。通过这个词他清楚解释和教导了,圣灵赐予我们不是因为我们以前德行的功劳，而是借着神的怜悯，为了使我们的罪的废除实现（这罪曾使我们与神隔绝），还使我们与神的和解实现，使我们可以抓住神。

12.（1）其他为教会所承认的使徒书信在开头也向我们充分谈及了三位一体。（2）如彼得说"愿恩惠平安，多多的加给你们"，然后立即补充道"愿颂赞归与我们主耶稣基督的父神"（彼前1:2—3），因为恩惠与平安暗示了圣灵，所以他提到父与子就使我们想到了三位一体。（3）彼得在他的另一封书信中也相应地写道："愿恩惠平安，因你们认识神和我们主耶稣，多多地加给你们。"（彼后1:2）（4）约翰出于某种或别的什么原因，没有向人致安，但是他用"相交"来代换"恩惠"与"平安"时，明显没有忘记神的三位一体，他写道："我们将所看见，所听见的，传给你们，使你们与我们相交，我们乃是与父并他儿子耶稣基督相交的。"（约一1:3）（5）不过在约翰的第二封书信中，他重复了保罗写给提摩太的话："愿恩惠，怜悯，平安，从父神和他儿子耶稣基督，必常与你们同在。"（约二1:3）（6）在第三封书信的起头，约翰没有一个词提到三位一体，我认为这是因为这封信非常的简短。他提笔写下："做长老的写信给亲爱的该犹，就是我诚心所爱的。"（约三1:3）但这里的"诚心"我认为就代表了三位一体。①（7）犹大不但称父神与耶稣基督的名，还写了三个可以叫人明白圣灵（这是神的恩赐）的词："耶稣基督的仆人，雅各的弟兄犹大，写信给那被召、在父神里蒙爱、为耶稣基督保守的人。愿怜恤，平安，慈爱，多多地加给你们。"（犹1:1—2）（8）因为如若没有怜恤与慈爱，人就无法理解恩惠与平安。此外，雅各写信时用了一个十分友善的开头，他写道："做神和主耶稣基督仆人的雅各，请散住十二个支派之人的安。"

---

① ［译注］译作"诚心"是依循了和合本的译法。它的拉丁语是 veritatem，有三个主要的含意：事实（父）、真理（子）、诚心（灵）。这可能是奥古斯丁认为它代表了三位一体的原因。英语翻译为 truth。

（雅 1:1）（9）我相信,问安①只有通过神的恩赐才能存在,它给人们带来恩惠与平安。而在"问安"之前,他已经称呼神与我们主耶稣基督的名,但是,既然人只能通过父神及主耶稣基督的恩惠与平安才能得救,所以对我而言,就如约翰在他的第三封书简中使用了"诚心"这个词一样,雅各在这里也用"问安"来代表三位一体。

13.（1）我想在这里一定要提到瓦莱里厄斯神父,他和当地一位农夫(用迦太基语)的谈话真让人惊愕。② 一次,他无意中听到一位农夫向别人说 salus,瓦莱里厄斯就问懂拉丁语和迦太基语的那位农夫 salus 是何意? 这位农夫回答说"三"(Three)。（2）这可让瓦莱里厄斯喜出望外,他发现我们用来问安的那个词,salus的意思是"三一",他认为这种一致绝非巧合,而是神意的秘密安排。因为当你用拉丁语说 salus 时,迦太基人就会把它理解为"三";而当迦太基人用他们自己的语言说"三"时,它在拉丁语中的意思就是"得救"。（3）而且,当迦南妇人(也就是在推罗和西顿境内的迦太基或腓尼基人,她在福音书中代表了外邦人)请求耶稣医治她女儿时,主回答说:"不好拿儿女的饼,丢给狗吃。"(太15:26)（4）这位妇人愿意谦卑下来,忏悔自己的罪,她就说:"主啊,不错,但是狗也吃他主人桌子上掉下来的碎渣儿。"(太 15:27)结果她的女儿就好了(或得救),她的生命从此脱胎换骨。（5）在这位迦南妇人的嘴中,"三"听起来就像 salus,因为假如你问我们这里的农夫它们是什么,他们会用迦太基话回答说 Cha-nani,虽然它缺少一个字母(在这种情况下这是常见的),但就是指

---

① salus:"问安""拯救""健康"。在 13.6,奥古斯丁用这三种含意来论证他的观点。[译注]奥古斯丁的意思是说,拉丁字 salus 有三种含意:问安(父)、拯救(子)、健康(灵)。这恰好应合了三位一体。所以雅各虽没有明言提及三位一体,但用 salus 这个字说明他仍然没有忘记三位一体。

② 当奥古斯丁在任神父及之后任副主教时,瓦莱里厄斯是希波的主教。

"迦南人"（Canaanite）。（6）所以，妇人在渴求身体健康的时候就是在渴求三位一体，因为在罗马文作"拯救"名词的在迦太基语中称为"三位一体"。所以，这位妇人可以说是最先遇主的外邦人，因为我们已经说过，她是外邦人的代表。何况，当主用丢饼的比喻来回答她时，仿佛她所求的就是饼。这见证的若不是三位一体，还会是什么呢？① （7）因为耶稣在其他地方明确教导，人可以把三位一体理解为三个饼（参见路11：5—13）。当然，这种语词上的一致是偶然如此，还是神意的安排，这个问题不该以博取一致同意的态度予以穷究，只要诠释者的处理足够让听者满意并谅解他就行了。

14.（1）人们应当以理智的刚正，并投入全部的敬虔来细想并论证这一说法：由于神的恩惠洗去了罪，神的平安使人与他和解；倘若保罗在有关三位一体的引语中用"恩惠"与"平安"来代表圣灵，那对恩典感到绝望，或者嘲弄、轻慢恩典的人，就会拒绝为自己抵挡圣灵的罪孽而忏悔。因此，这种人决意要在罪的不敬中，在可以招致死亡的刺激状态中沉沦，直到终点。（2）耶稣告诉我们，说话干犯人子的还可得赦免，唯独说话干犯圣灵的，今世来世总不得赦免。他要背负永世的罪，因为这话若是被听到，神就不会无动于衷，轻易放过（太12：31及以下）。（3）我们可以假设有一人并不通拉丁语，当他听到有人发出代表"圣灵"那个词的音节时，他问别人什么是这个音节之所指。让我们假设这被问之人是一位骗子或者不敬的戏弄者，因为这种人总是喜欢捉弄别人，他就没有告之以实情，而是说了些虚谎的话慢慢诱骗这位问话者。再让我们假设这第一个人出于无知，不知道它所指即是圣灵，从而说了些干犯圣灵之名的话，甚至厉声辱骂它。但我想，没有人会愚蠢和肤浅到指控这人犯了任何不虔诚的罪。（4）不过另一方面，倘若有人

---

① ［译注］"饼"也暗示了基督的身体，迦南妇人求饼，也就是求基督的身体，所以奥古斯丁说它见证了三位一体。

向提问者解释了圣灵这一观念,即便没有解释它的名字,但如果这个人仍然说些干犯它的话,这人就可以被认作有罪。(5)所以我的观点十分明确,倘若某人听到圣灵之名却把它理解为完全另外的一种事情,那么他也不会因为对这事情出言不逊就被算作犯了罪。(6)同样,倘若有人想知道什么是圣灵,却被一位粗心大意的人告知圣灵是神的儿子,万物都借着他造,他在约定的日子从一位童女而生,他被犹太人处死,后来又复活;倘若这人听了这席话后,对此否认或讥讽,他也不能被算作干犯了圣灵。只能说,他干犯了神子或者人子,因耶稣基督来本就是要屈尊,做遭人奚落的神子或人子。(7)我们在此应当细想的,不是询问者说话的嗓音,而是他这样说的理由,虽然他以为他所听到的是指圣灵,但当他亵渎那人时,他事实上是在诋毁神子或人子。在此,真正的问题不在于这个概念的名字,而在于它本身是确实受到了尊崇,还是受到了否决与诅咒。(8)同样,假如有人想知道耶稣基督是谁,他收到的答案却不是关于神子,而是关于圣灵的,而如果这询问者亵慢他所聆听的,那么他就肯定不是在干犯人子,而是干犯了圣灵。

15.(1)如果我们疏忽或粗略地处理这一论述,"唯独说话干犯圣灵的,今世来世总不得赦免"(太12:32),那什么样的人会被神赦免他的罪呢?(2)那些现在全盘攻击我们宗教的异端,他们不是以兵刀和杀戮来攻击我们,因为人们禁止这样的行径,而是以诅咒与辱骂来攻击我们,我们全部关于圣三一的陈述他们都不屑一顾地拒绝和亵渎。(3)他们本可以将圣灵区隔开来对待,这样他们就可以集中抵拒三位一体中的另外二位而独尊圣灵,然而,他们却以怒火与不敬来攻击我们对神三位尊荣严肃的宣认。有人在思想父神时,不是带着一颗相宜的敬畏之心,而是完全地拒绝他;另一部分人则没有正确地认识他,他们最终所敬拜的不是神,而是他们自己的发明。(4)虽然我们全力引导他们认识基督,敦促他们通过基督认识父神;我们也敦促他们为真理、为万王之王而战;

我们邀请他们加入我们的信仰,并许诺原谅他们以前所有的罪恶;但他们却用不恭的言语揶揄我们的神子或圣灵,他们宁愿讥讽我们,也不愿与我们一同虔诚敬拜。(5)在这个问题上,我们考虑到他们是在冒渎的迷信观念中干犯了圣灵,因此,只要他们成为基督的信徒,他们就会毫无疑义地得到原谅。至于犹太人,司提反就亲身见证了他们对于圣灵的怨恨。当司提反为圣灵充满时,犹太人以石头扔他,因为司提反对他们所说的,就是圣灵曾经说的(徒6:8—7:60)。(6)他非常清楚地告诉犹太人:"你们时常抗拒圣灵。"(徒7:51)不过,保罗也是抗拒圣灵和以石头扔司提反——他是圣灵化身,因为他被圣灵充满——的犹太人中的一员,保罗就是那位守着他们衣裳的少年人。尽管保罗第一次抗拒了圣灵,但当保罗后来自己被同一个灵所充满时,他就为这一暴力事件深深责备了自己。保罗曾经因司提反的言论而以石头扔他,现在,保罗也要因自己说同一类言论而预备忍受其他人扔来的石头了。

(7)那撒玛利亚人呢?他们不是也抗拒圣灵,甚至要将先知借着圣灵的默想彻底吞灭吗?[①](8)可是,主却以不同的例子亲自证实了,他们也要蒙恩。例如,十个被耶稣洁净的大麻风病人中,只有一人回来归荣耀给神,而这个人就是一位撒玛利亚人(路17:15以下)。还有,耶稣于正午时分与一位撒玛利亚妇人在井边谈道(约4:7),以及那因她而信了的撒玛利亚人(约4:42)。(9)此外,在主耶稣升天后,《使徒行传》不就记载使徒们因撒玛利亚人领受了神的道而大有欢喜吗(徒8:9)?(10)使徒彼得也指责过行巫术的西门,因为西门一点都不尊重圣灵,竟想使钱购买圣灵。可是,彼得并不对西门的得救感到绝望;相反,他亲切地劝勉西门懊恨自己的罪恶(徒8:9—22)。(11)总之,大公教会的权柄——众圣徒之母——借着圣灵的恩赐传遍了全地。只要他们肯改正自

---

①　撒玛利亚人拒绝先知,因为他们只承认摩西五经为真正的圣书。

己的过失,她曾经断绝什么异端和分裂教会分子得救的盼望呢?
(12)她对谁关闭过与神和解的途径呢? 她不是流着眼泪叫曾趾
高气扬地离弃她的人回到她的怀抱吗? 但哪个异教徒,无论他是
领袖或下属,不抗拒圣灵呢? 有谁是如此反常,以至于认为只有出
言干犯圣灵者,而不是在行动上干犯圣灵者才应该被认为有罪?

　　(13)有人提出自以为是的论证,他们对教会的平安大发雷
霆,还有谁的冒犯比他们还要明目张胆呢? 可是,假如这是一个语
言问题,那我就想知道,若某个人完全否认圣灵真实、特别的效力
存在,而主张神是一位,父、子、灵不过是这一位神的三种不同形
态,那么他是否就没有冒犯圣灵呢?① (14)还有人承认圣灵的存
在,但否认它具有与圣子相等的地位,甚至认为它根本不是神。②
另一些人承认圣三一合一的性质与本质,可他们竟认为这种神圣
的本性是变动不居的,甚至要归于朽坏,这实在是太过于亵渎了。
此外,他们伪称圣灵,就是主耶稣应许赐给他门徒的圣灵,不是在
主复活后的第五十日降临,如《使徒行传》所记(徒2:1—4),而是
在大约三百年后以人的样子降临。③ (15)另有人士同样否认圣灵
的降临,他们声称,圣灵在弗吕家挑选了先知做它的代言人,圣灵
借着他们宣讲往后的事。④ 还有人认为圣灵的圣礼无效,任何已经
奉父、子、灵之名义受洗的人都毫无疑问需要重新受洗。⑤ (16)我
不会在这个没有尽头的清单上面再继续列举下去。不过可以肯定
的是,只要他们(由于时间的缘故,我只能简略涉及他们)回到基
督的新妇那里,并对他们的错误以及对神不敬的言行表示悔改和
责备,那么大公教会的平安仍然可以归与他们,神的怜恤也不会朝

---

① 形态论者(Modalist)。奥古斯丁在这里开始了一连串针对异端的评论。
② 次位论者(Subordinationist)。
③ 摩尼教徒。
④ 孟他努派教徒。
⑤ 多纳图派教徒。

他们关闭。

16.（1）不过,倘若某人就此得出结论说,一位已经接受了洗礼的人,一位罪已经去被拿去的人,这人若再次说话干犯圣灵,那他就再也得不到原谅了。事实上,即便一个人在洗礼之后仍然犯罪,教会也不会否定他对自己罪行忏悔的机会。（2）人们可能会这样想,由于这类人已经借着信的恩惠接受了洗礼,成为教会中的肢体,因此如果他再次跌倒,那么这罪就肯定不是出于无知而被犯下。但事实上,这里有两种不同的考虑:对明知故犯之罪的原谅,以及对说话干犯圣灵之罪的原谅。（3）如果某人的罪单单是出于无知,那么这罪就是配得原谅的,但只有在受洗之前所犯的罪才算得上无知之罪。因此,如果受过洗的人在受洗后说话干犯圣灵或人子,或者犯了私通、凶杀以及其他过犯与罪,那么他们即便悔改也得不着医治。（4）不过,持这一立场的人已经被公教会革除了教籍。他们严格对待那些犯过罪的信徒,拒绝承认他们还可以领受神的怜恤。①（5）他们为什么认为,接受洗礼后的信徒若再干犯圣灵,他们就不能得到原谅呢？这主要是因为,当主耶稣教导说"唯独说话干犯圣灵的,今世来世总不得赦免"时,他并没有设置一个时间上的期限。（6）然而,我刚刚已经提过,当西门无礼地把圣灵看作一桩买卖时,他已经接受了洗礼;彼得在指正他的过犯后,仍然勉励他忏悔自己的罪行。（7）最后,那些在幼年或者还在襁褓中时已经受过洗的人,倘若他们后来由于缺少良好的教育,过着一种黑暗无知的羞耻生活,他们完全不知道基督教的诫命与律令,以及上帝的应许与责罚,他们也不知道他们应当相信、盼望与爱的是什么,那么这种人又会怎样呢？（8）莫非我们竟敢以为,只因为他们是在受洗后犯的罪,则他们的罪就不是无知之罪了？正如我们刚才所言,当他们还完全的懵懂,甚至还摸不着头脑时,我

---

① 诺瓦蒂安派教徒(Novationists)。

们敢说他们已经犯了滔天的罪了吗?

17.(1)假如某人是明知故犯,在意识到自己的行径是错误的情况下仍然犯罪,那么,为什么要认为只有在他冒犯圣灵,而不是主耶稣基督时才不可原谅呢?(2)是不是说,像人说话干犯了圣灵,就是明知故犯之罪,而无知之罪是干犯圣子之罪?但是,难道明知故犯的罪就是干犯圣灵的罪吗?我倒想问,既然没有人愿意忍受自己的妻子受人奸污,那么谁不知道,羞辱别人的妻子是不道德的呢?在交易的时候行欺诈,说虚谎的话,用假见证来压制别人,或者因为贪恋别人的财产而背信弃义,甚至夺去别人的颈项,谁不知道这统统都是罪恶行径呢?如果有人对他做了他并不希望发生在自己身上的事,谁还会踌躇不决,不全心地指责这人呢?(3)我们能够说这样的事情都是无知之罪吗?一个人可能有意地犯什么罪?(4)在这种情况下,人们就会继续认为,这些都是干犯了圣灵的罪,即明知故犯的罪。而又由于主耶稣已经说过,干犯圣灵的罪永不得赦免,那么犯了这罪的人就不再有忏悔的机会。不过,倘若基督教已经否决了这一观点,不断地召唤人们改正自己的罪,(5)我们还是必须要弄清楚:究竟什么罪是冒犯了圣灵而永远得不到原谅的呢?

18.(1)也许,虽然某个人知道罪本身是邪恶的,但他还是任意妄为,只是由于他并不认识神,也不了解神的旨意,我们就不应该说他的罪是明知而故犯的吗?(2)保罗自己在《希伯来书》中似乎谈到了这个问题:"因为我们得知真情以后,若故意犯罪,赎罪的祭就再没有了。"(来10:26)(3)假如保罗只说"若我们故意犯罪",而没有说"我们得知真情以后",那意思就不完整,因为"我们得知真情以后"的意思是在我们认识神,也懂得他的旨意以后。(4)这似乎也有主耶稣自己的话为证:"仆人知道主人的意思,却不预备,又不顺他的意思行,那仆人必多受责打。唯有那不知道的,做了当责打的事,必少受责打。"(路12:47—48)(5)于是,我们可以把"他要少受责打"理解为"他会更正自己的罪,他也会得到神的原谅",而我们可以把"他必多受责打"理解为:对干犯圣灵之罪永世的惩罚,因为基督已经说过,这罪永不得赦免。按照这种理解,干犯圣灵之罪是在得知神的旨意之后所犯的罪。

(6)为了坚持这一立场,我们必须首先细究与探讨这个问题,即我们什么时候得知了神的旨意?(7)因为有的人在接受洗礼这一圣礼之前,就已经得知了神的旨意。例如,已经有十分清楚的迹象表明,在百夫长哥尼流受洗之前,他肯定已经通过使徒彼得的教导得知了神的旨意,并接受了圣灵。尽管这样,他也没有对圣礼嗤之以鼻,而是接受了洗礼。即便在他受洗以前,已经有神圣的迹象指明了神的旨意,但哥尼流为了完整地得知真理,仍然切切地接受了洗礼与圣灵(徒10)。

(8)而另一方面,许多人即便在受洗之后,也不清楚神的旨意。这就是为什么我们不能说,也不能以任何方式以为:假如有人在受洗之前就得知了神的旨意,却仍然犯罪,不管他之前如何,即使他接受了圣礼,他之前的罪也不会得到原谅。(9)我们反对这种说法更是因为,虽然爱神与爱你的邻人这两条诫命是律法和先知一切道理的总纲(参见太22:37—40),神的旨意已经准确无误地宣示给了所有的信徒,这意味着,(10)主耶稣自己要求我们要爱邻人,甚至要爱我们的仇敌,(11)我们看到有许多已经受洗的人亲口承认这乃是真理,并把它们尊奉为主的教导。可是,当他们遭受别人的侮慢时,他们的灵魂还是渴望报复。我们可以看到,教会中有许多这样已经受过洗的人,即便福音已经传给了他们,他们仍然会怒火中烧,他们并不能得平安。(12)而更属灵的人就像弟兄一般,不停地劝勉他们,在灵命上温柔地给予他们指引,好叫他们可以预备抵挡或抗拒这样的引诱,使他们在基督平安的爱里面得胜,而不再寻求击败仇敌的欢愉。(13)不过,假如这类罪人得到原谅的盼望已经破灭,他们也不会因为悔改而得医治,那么所做的这些就都是枉然。（14）某人若明知神的旨意却依然犯罪，这人就不能得到神的恩惠与原谅？请持这一观点的人注意，可以这样来想：他们郑重地肯定了以色列人的族长大卫已经蒙神的召选与称赞。当他对别人的妻子一见钟情，并使诡计欺骗并杀害了她的丈夫时，他并没有得知神的旨意。后来，大卫自己与先知先后为这罪恶的行径谴责了他，大卫就通过谦卑的悔改，通过对罪的忏悔而得到了原谅。（15）只是，大卫明显遭受了严厉的责打，他的例子说明，主耶稣的话——"仆人知道主人的意思，却不预备，又不顺他的意思行，那仆人必多受责打"——与永罚无关，而是指非常严厉的管教（撒下11—12）。

19.（1）假如我们仔细阅读《希伯来书》，我们就可以看到，保罗并不认为，人一旦跌倒就不能悔改献祭了。（2）保罗说"赎罪的祭就再没有了"（来10:26）时，指的是神受难而献的祭。当一个人成为基督的信徒时，他就要在受洗的时候为自己的罪而向神献上，即相信神为了他们每个人的罪而受难。因此，保罗在这里指出，在受洗之后犯罪的人，他的罪并不能通过再次受洗而得到洁净。（3）这样一种理解就给予了他们悔改的机会，当然，我们承认那些受洗的人尚未得到真理的全部知识。（4）从这里，人们可以得出结论说，每一个已经得知真理的人，都可以被看作已经受过洗的人，但就具体某位信徒而言，由于他要么对教义领悟得比较迟钝，要么不幸地没有接受过教义的教导，所以不是每个受过洗的人都有关于真理的知识。可是，保罗所说的"祭"——主耶稣受难而献上的祭品——是以某种方式为每位奉基督的名受洗的人而奉上的，因此，倘若这人再次犯罪，这祭也就再没有了。（5）人一旦受了洗，即便他们出于对真理的无知而在受洗后犯罪，他也不能再次受洗。

（6）既然那些没有受过洗的人中无人可以肯定地说，他已经得到了关于真理的知识，那么，对于每一位已经具有了关于真理知识的人来说,就再没赎罪的祭了,也就是说,他不能再次受洗。而那些还没有通过教导得知真理的人,他们也不应当认为,他们如果已经接收过神为他们献上的祭,还可以通过第二次洗礼而再一次得到它。(7)这就是说,如果他已经通过洗礼接受了同一个真理的圣礼,那么他就不能再一次受洗。这就好比,如果我们说人不是四条腿的动物,那么这并不可以推出,某一种动物由于不属于人类,就是有四条腿。① (8)所以,一个更佳的说法是,受过洗的人如果犯罪,那么他是通过悔改而得医治,而不是得到重生。一个人是通过洗礼而得到了重生,这重生乃是人悔改之工的根基。(9)正是由于根基尚在,所以一座楼宇还可以得到修缮;假如你试图重建一个根基,那么整座楼宇必须被首先拆毁。(10)为了这个缘故,保罗对希伯来人(他们显然已经背离了《新约》,相信他们的老祭司)说:"所以我们应当离开基督道理的开端,竭力进到完全的地步。不必再立根基,就如那懊悔死行,信靠神,各样洗礼,按手之礼,死人复活,以及永远审判,各等教训。"(来 6:1 及以下)(11)所有这类事情我们都在受洗时领受了,保罗说的就是,这类事情不应好像是为了信徒的成圣而重复。当我们宣讲神的话语和道理时,只要形势需要,我们就要相当频繁地提到它们,而不只是"再一次"提到它们。

20. (1)可是,有人可能会想,正如我们在此所探讨的,关键不在于明知而故意犯罪的人是否可以得到原谅,严格地说起来,关键在于倘若一个人在明明知道的情况下依然行了冒犯圣灵的罪,那么这个人是否可以得到原谅呢?(2)有人可能想问,当犹太人轻蔑地说耶稣是靠着鬼王赶鬼时(太 9:34),他们是否知道主耶稣是借着圣灵赶鬼呢?(3)我倒想知道,他们怎么可能从耶稣身上

---

① 就是说,虽然没有一个未受洗的人能恰当地被认为具有了真理的知识,但这推不出,一个受过洗的人不曾学习真理,就能够被认为是未受洗的。

认出圣灵来？因为他们无知，他们那时还不知道他是主，他是神的儿子，所以保罗说："就是以色列人有几分是硬心的，等到外邦人的数目添满了。"（罗 11:25）（4）（假如这蒙神帮补和应允，我们会在一个适当的时刻更深入地探讨这个议题。）如何辨别一个人是借着圣灵行事，还是假奉圣灵之名行事呢？现在，如果说这种辨识诸灵的能力是由圣灵在某个特定的时刻赐予信徒的，如保罗在别处所述（林前 12:10），（5）那还不相信耶稣，从而也就没有得到圣灵恩赐的以色列人怎么可能得知耶稣是借着圣灵赶鬼呢？不过，他们还是为此遭受了责罚，因为这是他们所行恶毒之事最明确的证据，他们给主耶稣做了虚假的见证，假冒为善的人甚至想就着耶稣的话来陷害他。（太 22:15—17）（6）后来，耶稣从死里复活，当他们获悉这最大的神迹后，他们设法以银子收买看守坟墓的兵丁，并传播虚假的谣言来蒙蔽真情。（太 28:11—13）事实上，福音书还记载了许多其他例子，这些例子都表现了他们的恶毒，以及他们对主耶稣的诋毁。

21.（1）现在问题清楚了，当他说话诋毁圣灵的工作时，他就干犯了圣灵。（2）因为，即便有人不知道这个神迹是圣灵的工作，但是，假如他就是这样一种性格，偏偏不信这是圣灵之工（倒不是因为圣灵所行的是恶事，而是因为他对圣灵的怨恨，所以凡是良善的事他都要抵拒），我们就可以正确地认为，这个人背负了干犯圣灵的罪愆。（3）然而，假如在这群罪人中间，有好些人之后信靠了基督，他们诚心痛悔，他们哭泣着渴求神的拯救（就如他们中间已经有人这样做了），他们不再憎恶圣灵，那么，谁还会愚笨地否认，谁还会严酷地拒绝，这样的人不能接受基督的洗礼呢？谁还会认为，他们的受洗是枉然呢？（4）假如说，一个人怨恨神所行的善工（这是神的赠礼），他因此亵渎了神的工作，那么，我们就可以认为这个人已经干犯了圣灵，他也因此不再有得到神原谅的盼望。现在让我们看看，使徒保罗是如何对待这类人的。（5）保罗曾这样说道:"我从前是亵渎神的,逼迫人的,侮慢人的,然而我还蒙了怜悯,因我是不信不明白的时候而做的。"(提前1:13)(6)或许这段话与干犯圣灵一类的罪还扯不上关系,因为保罗也不是那种令人深恶痛绝之徒。(7)那我们就看看他在另一处是怎么说的:"我们从前也是无知,悖逆,受迷惑,服事各样私欲和宴乐,常存恶毒嫉妒的心,是可恨的,又是彼此相恨。"(多3:3)

22.(1)假如那些异端人士,或者犹太人,或者异教徒,或者未受洗的分裂教会分子决定悔罪,选择改变自己,去过一个更好的生活时,不论他们在接受本教的圣礼之前对基督教、神的教会有多深的仇恨,也不论他们曾经多么声势浩大地抵拒圣灵,他们都没有在基督中受洗的管道了吗?(2)甚至对于那些曾经得到了真理的知识,也接受过圣礼的人而言,如果他们后来跌倒,干犯了圣灵,当他们重新变得明智,当他们以悔罪来乞求神的恩惠时,他们也会被拒绝吗?(3)那些被神指控犯了亵渎圣灵之罪的人,一旦他们意识到了,一旦他们到神的恩惠中寻找避难所,他们难道不是立刻就得医治吗?那么,除了冒犯圣灵的罪之外,还有什么是主耶稣所说的在今生与来世都不可原谅的罪呢?这罪就是绝望,那些总是作恶和心怀怨恨的人对神的良善与怜悯会深感绝望,这使得他们在对神的恶意及不断的作恶中沉沦下去。(4)因为这是对从神而至的平安与恩惠的抗拒,这就是我们在此为何要讨论这个主题。我们理当注意到这样一个事实,那就是耶稣自己也为那亵渎他的犹太人保留了改正与悔罪的机会。当主耶稣斥责污蔑他的犹太人时,他说:"树好,果子也好。树坏,果子也坏。"(太12:33)(5)假如他们的亵渎使他们无力再改善自身,使他们不再能结出好的果子,或者说,如果没有原谅他们的罪愆,他们所做的一切岂不都是枉然?那么主耶稣为何还要说这样的话使他们信服呢?

23.(1)可以说,主耶稣是借着圣灵赶鬼并医治人身子的疾病,他这样做无非是鼓舞人们的信心,就如他向人们呼喊"天国近了,你们应当悔改"(太3:2)。(2)因为对罪的原谅并不可以用眼看见,所以主耶稣要施行神迹来表现神对罪人的赦免(这在主耶稣治好瘫痪病人的例子中表现得最明显),从而激起他们的信心。(3)为完成神的救赎计划(人子来不是要审判世界,而是来拯救世界),他就首先把这无形的恩赐赐予了那位瘫子,主耶稣说:(4)"你的罪赦了。"听到耶稣的话,犹太人都在心里议论,他们对耶稣的话感到气愤,因为他们觉得这人竟敢把赦罪的大能归与自己。耶稣知道他们心里这样议论,就说:"'你的罪赦了',或说'起来,拿你的褥子行走',哪一样容易呢? 但要叫你们知道,人子在地上有赦罪的权柄。""就对瘫子说,我吩咐你起来,拿你的褥子回家去罢。"(可2:9—11)

(5)耶稣的这番言行是要宣示,他施展神迹医治人的身体,好叫人们相信,神也原谅罪人,神也释放罪人的灵魂。换言之,神赦罪的权柄本是不可见的,耶稣通过行医治的神迹使人们看见了神赦罪的权柄,它是配得信仰的。(6)既然主耶稣是以圣灵行了一切的事,那么他就将恩惠与平安赠给了人,这恩惠可以拿去使人神相隔的罪,而平安可以使他们与神复归和好。当犹太人说耶稣是靠别西卜赶鬼时,耶稣出于怜悯劝勉他们,以免他们说话干犯、亵渎了圣灵,因为如果他们这样做,就相当于抵拒了从神而来的恩惠与平安——主耶稣来,是借着圣灵将恩惠与平安赠予人。(7)耶稣这样对他们说话,并不是因为他们已经亵渎了圣灵,从而他们永远都得不到原谅;耶稣这样说,是为了警告他们,以免他们对神的原谅感到绝望,以免他们把自己的义作为神的义,从而不去悔改自己的罪愆,却在罪的行径中继续沉沦。从这些犹太人的行为中可以看到,他们会说(亵渎的)话干犯圣灵,他们的罪会使他们抗拒神的恩惠与平安;而主耶稣是借着圣灵在他们身上施行了神圣的记号,好把神的恩惠与平安赐给他们。

(8)在这里的语境中,"说干犯圣灵的话"并不一定是要用舌头发出的声音,它也可以是在人心中所构想的意念,我们的行为已经把它说出来了。(9)同样,若只是嘴上承认却没有付诸行动,那么这种人也没有认识神。关于这类人,保罗说道:"他们说是认识神,行事却和他相背。"(多1:16)从这里可以清楚地看到,正如从一个人的行为中可以看到他拒绝了什么,同样,他的行为也表达出了什么。(10)所以保罗指出:"若不是被圣灵感动的,也没有能说耶稣是主的。"(林前12:3)这里的"说耶稣是主"不单是口上说说而已,它只有与相称的行为放在一起才算数。(11)有一种人,他们嘴里说的是一套,而做的又是另外一套,那么假如这种人承认"耶稣是主",那这就不是出于圣灵的感动。主耶稣亲口对这等人说:"你们为什么称呼我主啊,主啊,却不遵我的话行呢?"(路6:46)还说:"凡称呼我主啊,主啊的人,不能都进天国。唯独遵行我天父旨意的人,才能进去。"(太7:21)(12)这些人说话干犯了圣灵(主耶稣想要我们知道,这罪是得不到原谅的),他们并不指望基督赠予的恩惠与平安。他们宣布,他们要在罪中继续沉沦。他们是用行为来宣布的,就像前一个例子中,犹太人用行为宣布了,他们会在邪恶与堕落的生命中失丧——他们也的确是那样做的。那么同样,这些人也会继续地堕落。

　　(13)主耶稣基督已经以此来警示犹太人,选召他们悔改自己的罪恶,从而能将恩惠与平安赐给相信他的人。但若他们真的像上面说的那样表现,他们现在还是对神的选召抱有疑问,或者说,他们还是没有理解,那么,这些抗拒神的恩惠与平安的人,这些亵渎了圣灵的人,这些在绝望和固执中傲慢地悖逆神,毫无谦卑的忏悔,从而继续在罪中沉沦的人,是不是永远都不能得到原谅呢?(14)如果答案是"是",那么,真是蒙神的帮助,我们对于恩惠与平安(它们来自父神和我们主耶稣基督)议题的处理——这是一个庞大和最为艰难的问题——到此就结束了。(15)当然,假如有人还想对这个议题做更加详细的思考,他应当了解到,他想要的答案会在对福音书的理解中,会在使徒们的话语中被发现。他也应当记住,我们在这里只是处理了保罗的《罗马书》。我们会推出其他作品来追踪这封信件剩余的内容,只要这符合神的旨意。总之,我们对这一部分的讨论到此就告一段落了。

致奚普里安——答不同问题

奥古斯丁对《致奚普里安——答不同问题》一文的回顾(《订正录》2.1)

1. 我成为主教后撰写的前两卷书是《致奚普里安——答不同问题》(*Answers to divers Questions addressed to Simplician*)。奚普里安是圣安布罗修后面的米兰主教。我在第一卷书中回答了两个与使徒保罗的《罗马书》相关的问题。第一个问题关乎《罗马书》7:7—25。虽然使徒说"律法是属乎灵的,而我是属乎肉体的"等,展示了肉与灵的交战,但我曾以为保罗所描写之人似乎乃是以律法为本,还未在恩典以下。很长时间后我才明白,这段经文也适用于属灵人,事实上,他们多半仍然受到灵肉相争的搅扰。问题二关乎《罗马书》9:10—29。我曾极力说明人的意志可以自由决断,但最终胜出的是神的恩。否则我无法理解使徒保罗以绝对确定的口吻说:"使你与人不同的是谁呢? 你有什么不是领受的呢? 若是领受的,为何自夸,仿佛不是领受的呢?"[①]殉道者居普良同样想要阐明这一真理,他把这个观点浓缩在这样一句话中:"我们必是无可自夸的,因没有什么是我们私己的。"

---

① [译注]此句经文出自林前4:7。《圣经》划分章节是大约十一二世纪学者完成的工作,奥古斯丁时代的《圣经》还未划分章节。

2. 在第二卷书中我们以自己可怜的思想研究、对付了其他问题。这些问题都源于人们所说的《列王纪》。第一个问题关乎经文"扫罗被神的灵大大感动",而另一处却说"从耶和华那里来的恶魔,又降在扫罗身上"。① 我在阐释它们时说:"人有立志的能力,但没有实施的能力。"原因正在于除非我们行出我们所立的志,否则不能说我们有实施的能力。因此,首先和主要考察的要素就是意志。意志在我们立志时就毫不间隔地出现;但是,我们是得了从天上而来的力量,当神为我们预备意志时,我们才活在义中。第二个问题是,该如何理解经文"我立扫罗为王,我后悔了"。② 第三个问题是,附在女巫身上的恶魔是否曾经通过撒母耳向扫罗显现并同他交谈。第四个问题是解释经文"大卫王进去,坐在耶和华面前"。③ 第五个问题处理了以利亚之言:"耶和华我的神啊,我寄居在这寡妇的家里,你就降祸于她,使她的儿子死了吗?"④

前言

奚普里安神父,您彬彬有礼地把问题寄给我,这令我十分开心和愉悦。倘若我不认真回答,那么我不仅没有顺从您的要求,而且显得薄情。我曾在作品中讨论过您从使徒保罗那里提出的让我解决的问题。由于并不满意以前的查考和阐述,我就更加缜密和专心地斟酌了同一位使徒的经文以及他文句的宗旨,以防我可能因疏忽而错失什么。理解这些经文并非探囊取物那样简单,否则您也不会认定它们应当被反复查考了。

---

① ［译注］两句经文先后出自撒上 11:6 和撒上 19:9。
② ［译注］出自撒上 15:11。
③ ［译注］出自撒下 7:18。
④ ［译注］出自王上 17:20。

第一个问题　《罗马书》7:7—25

1. 您的第一个问题是请我解读一段经文,它以"这样,我们可说什么呢? 律法是罪吗? 断乎不是"始,到"我就应承律法是善的"等,再到"我真是苦啊! 谁能救我脱离这取死的身体呢? 靠着我们的主耶稣基督就能脱离了"(罗 7:7—25)终。在这段经文中,使徒似乎把自己描述成一位在律法之下的人,他以律法之下人的口吻说话。他在前一节写道:"但我们既然在捆我们的律法上死了,现今就脱离了律法。要按着心灵的新鲜,不按着仪文的旧样。"借着这番话他似乎指责了律法,他立即补充说:"这样,我们可以说什么呢? 律法是罪吗? 断乎不是。只是非因律法,我就不知何为罪。非律法说,不可起贪心,我就不知何为贪心。"

2. 然而,即便律法不是罪,而只是引起人们犯罪,我们还是可以认为律法是有罪的。因此,我们必须认识到,神颁布律法既不是引人犯罪,也不是使人免罪,而是让人知罪;当罪得显明,灵魂就不再感到无亏和清洁,而是意识到自身的罪孽。若没有神的恩典,罪就不能被战胜。可见,律法是通过使人们在罪中感到不安来劝勉人的灵魂,好叫灵魂预备领受神的恩典。因此,他没有说"只是非因律法,我就不会犯罪",而是说"只是非因律法,我就不知何为罪"。然而,他不说"非律法说,不可起贪心,我就没有贪心",而是说"非律法说,不可起贪心,我就不知何为贪心"。因此,律法不是在心里头发动他的贪心,而是使他意识到自己的贪心。

3. 意识到自己贪心的后果是愈发贪心,因为在领受恩典以前,人无法抵拒自己的贪心。当有另加的律法可以冒犯时,贪心就获取更活跃的动力。当人因贪心而违犯律法,罪就显得更加活跃,相比没有禁止起贪心的律法时,它就是最嚣张的罪。因此,保罗继续说:"罪趁着机会,就借着诫命叫诸般的贪心在我里头发动。"可见,在有律法以前,人就已经有罪,但由于没有可冒犯的律法,所以它尚未露出最邪恶的面目。保罗在另一处经文中说:"那里没有律法,那里就没有过犯。"①

4. 保罗进而指出:"没有律法罪是死的。"这就像说"罪是隐蔽的",换言之,"罪被认为是死的"。随后他更为确切地说:"我以前没有律法是活着的。"他的意思是,由于没有律法时罪隐蔽着自己,因此我不会因罪而害怕死亡。"但当诫命来到,罪又活了"指罪变得明显,"我就死了"的意思是我知道我已经死了——因为罪违背了律法,它将招致死亡的惩罚。事实上,当保罗说"诫命来到后罪又活了"时,他就非常清晰地告诉我们:人以前就有罪,我们也曾经知罪。我估计,这是指始祖身上的罪,因为他曾经领受却违背了神的诫令。保罗在别处说"女人被引诱,陷在罪里"(提前2:14),以及"连那些不与亚当犯一样罪过的,也在他的权下。亚当乃是那以后要来之人的预像"(罗5:14)。无论如何,我们不能说以前从未活过的东西又复活。但罪是死的,也就是说,罪是掩蔽的。人生来便就赴死,从前在没有律法诫命的光景下生活,正因没有禁律,他们就无知地服从肉体的情欲。因此保罗说:"我以前没有律法是活着的。"这说明,他不是在讲自己当下的光景,而是在讲以前的"旧人"。"当诫命来到,罪又活了,我就死了;那本来叫人活的诫命,反倒叫我死。"人若能遵行诫命,它就定然叫人活。可因人违背诫命,它就叫人死。现在,违背诫命的行为就是罪,正如它在有诫命以前就是罪;而现在则是最邪恶的罪,因为人们是明知而犯罪,蓄意冒犯了诫命。

5. 保罗说:"罪趁着机会,就借着诫命引诱我,并且杀了我。"罪变成糖衣,不正当地利用律法来撩拨本应禁止的情欲。因此,它引诱我。糖衣具有诱惑性,因在它背后是许多罚役的痛楚。那些

---

① [译注]参见罗4:15。

还未领受圣灵恩惠的,会在被禁止的行为中寻觅更强烈的快感,因此罪以其虚假的糖衣来引诱他们。当人产生了一种犯罪的罪责感后,罪就杀戮他的性命。

6. 因此,"律法是圣洁的,诫命也是圣洁、公义、良善的"。因为应当命令要行的事,律法命令;应当禁止的事,律法禁止。"既然如此,那良善的是叫我死吗?断乎不是。"律法本身是良善的,问题在于没有合宜地使用律法。"我们知道律法原是好的,只要人用得合宜。"(提前1:8)然而,那不以谦卑的虔诚俯伏在神面前的人,就不能合宜地使用律法。因此,要在恩典的帮扶下,人才有行律法的能力。因为在有禁律以前,罪还是隐藏不露的,所以,那些没有合宜使用律法的人,他们领受律法不过为了使他们冒犯律法,好叫他们的罪显明。它是极恶,因为它不仅是罪,而且明目张胆地违背诫命。所以保罗继续说:"罪借着那良善的叫我死,就显出真是罪。叫罪因着诫命更显出是恶极了。"他于此清晰地表明在什么意义上可以说"没有律法罪是死的":并不是人以前没有罪,而是罪以前尚未露出最恶的一面。它也说明"罪又活了"的含义:不单是指那在律法之前已经存在的罪又存在了,而且指罪在违犯律法中露出自己最邪恶的一面。这才是保罗在此想要表达的意思。"罪借着那良善的叫我死,就显出真是罪。"保罗不是说人有罪了,而是说罪显示出它实在就是罪。

7. 保罗接下来给出这样解释的缘由。"我们原晓得律法是属乎灵的,但我是属乎肉体的。"因此他清楚地说明,只有属灵之人才能完全律法,因而只有恩典才能使人完全律法。人越是靠近属灵的律法,他本身的性向也就越属灵,他也就越可以完全律法。谁越是在律法里感到快活,他承受的律法负荷就越少,他的眼目就因律法之光而更加明亮。"耶和华的训词正直,能快活人的心;耶和华的命令清洁,能明亮人的眼目。"(诗19:8)当恩典赦免了罪,将恩慈的灵浇灌在人心里,成义就不再叫人挣扎,而是可以快活人的心。当保罗说"我是属乎肉体的",他提出如何理解肉体的问题。在某种程度上可以说,那已经在恩典下,已被主耶稣宝血赎罪,并因信重生之人仍是属肉体的。使徒对此写道:"弟兄们,我从前对你们说话,不能把你们当作属灵的,只得把你们当作属肉体,在基督里为婴孩的。我是用奶喂你们,没有用饭喂你们。"①保罗借此暗示,他们虽已蒙恩重生,但由于像基督里的婴孩,所以只能以乳喂哺,保罗依旧称他们属乎肉体。那尚未在恩典下,而在律法下的,他们也是属肉体的,因为他们还未从罪里重生,依旧被寄卖在罪的底下。致命快感的代价就包括那引诱人、叫人在冒犯律法中快活的糖衣,它越叫人快活,就越违逆律法。无人能够享受糖衣而不出卖自己,不沦为受贪欲支配的傀儡。人若知道某一行为是被禁止的,且它被禁止是正当的,然而他还是做那行为,那么他就明白,他被情欲控制,做了它的奴隶。

8. "因为我所做的,我自己不明白。"这不是指他不明白他正在犯罪,否则会与保罗前述观点矛盾。"罪借着那良善的叫我死,就显出真是罪。只是非因律法,我就不知何为罪。"当保罗能够使用这样的措辞时,他的意思显然并不是指他不明白自己已经犯罪。保罗说"我不明白"时,就如主耶稣对不义的人说"我不认识你们"。② 没有事情能够逃避神的观察,"耶和华向行恶的人变脸,要从世上除灭他们的名号"。③ 有时我们会说我们不明白,它的含义是我们不赞同的。所以"当保罗说因为我所做的,我自己不明白"

---

① ［译注］林前 3:1。

② ［译注］典故出自太 25:12。有一群童女点灯迎接新郎,其中愚拙的童女没有携带足够的灯油,当新郎延迟至半夜来到时,她们不得不去商店购买燃油。自商店返回后,新郎已经进屋坐席并把门关上了。这些愚拙的童女想敲门进去,主人说:"我不认识你们。"其寓意是人要时刻警醒,做好天国莅临的充足准备。"我不明白"(I do not know)与"我不认识你们"(I know you not)在说法上相接。奥古斯丁利用这点表明,保罗说"我不明白"时,类似于耶稣说"我不认识你们",意思相当于"我恨恶你们"或"我不赞同、认可、接受你们"。

③ ［译注］诗 34:16。

时,他的意思是"我不赞同"。保罗接下来明确表达了这一观点:
"我所愿的,我并不做。我所恨恶的,我倒去做。"保罗刚才已说
过,他所恨恶的,就是他不明白的。主耶稣也会对不义的人说"我
不认识你们",也可以说"凡作孽的,都是你所恨恶的"。①

9. "因为我所做的,是我所不愿意的,我就应承律法是善的。"
律法也禁止他不愿意的,他接受律法当然不意味着他能够行律法,
而是就他并不愿做他事实上已做的事而言的。他尚未得恩典的自
由,因此,尽管他十分厌恶那些行径,但他仍然被罪击败。保罗接
着说:"既是这样,就不是我做的,乃是住在我里头的罪做的。"保
罗并不是说他没有罪,而是说他赞同律法禁止罪。他依然是以一
位在律法下的,而尚未在恩典下的人的口吻说话,这种人会在情欲
的支配下,在某种糖衣(它与被禁戒的罪恶相关联)的引诱下行污
秽的事情。但由于他对律法的认识,他就不赞成污秽的行径。保
罗说"就不是我做的",因为当他做时,他已经失去了自我。当我
们向支配自己的情欲让步时,那就是情欲做的。恩典可使我们不
向情欲让步,它给予我们心灵力量来制止情欲。保罗在后文会谈
论恩典。

10. "我也知道,在我里头,就是我肉体之中,没有良善。"虽然
他在认识上赞同律法,行动上却向罪恶妥协。若问,他怎么知道在
肉体中没有良善,怎么知道罪劫持了我们? 怎样单单从必死的本
性以及好色邪荡中知道他的心被罪占据? 前者是对原罪(pecca-
tum originale)②的惩处,后者是对习性的惩处;死亡是我们注定的
结局,何况我们还为贪求享乐而生活。在死亡与肉体恶习的共同
作用下,我们的贪心变得肆虐和难以遏制。这就是保罗说罪在我
肉体中获取某种优势和做王的含义,所以他在那里作如是说。《诗

① [译注]诗5:5。
② [译注]基督教所说的"原罪"一词似最早出现于此。

篇》的作者写道:"宁可在我神殿中看门,不愿住在恶人的帐棚里。"(84:10)就如一位奴隶没有住在供奴隶住的居所。① 保罗很可能认为"占据"必须被理解为暗示了某种次序。假若借着恩典,我们进入其他经文描绘的光景中,如"不要容罪在你们必死的身上做王,使你们顺从身子的情欲",那么就不可以说,罪占据着那里了。

11. "因为立志为善由得我,只是行出来由不得我。"对于那些没有正确明白这句经文的人来说,他可能认为这些字眼取消了人的自由意志。但若如此,保罗怎么又说"立志为善由得我"? 这就说明,我们确实可以立志,只不过作为对原罪惩处的一个方面,我们就不再有行出所立志之事的能力。但这不是人原初的本性,而是对人原罪的惩处。死亡就借以进入我们,成为我们的另一种本性,若我们因着信心顺服我们的造主,他的恩典就会叫我们从死亡中得自由。这话适用于那尚未领受恩典、伏在律法下的人。那些还未在恩典之下的人不能够做出他立志要行的善,却做出了他不愿意做出的恶,他就被贪心击溃。这贪心如此猖獗,不单是出于人必死的事实,也是因为习性沉重的担子。但若他做了他立志不做的,正如上面已经谈论和解释的那样,这就不是他自己做的,而是占领他内里的罪做的。

12. "我觉得有个律,就是我愿意为善的时候,便有恶与我同在。"这是说,当我希望按照律法行动时,我觉得律法于我有益,尽管做跟我同在的恶要更加简易。当保罗在前面说"立志为善由得我"时,他指的是人们可以方便地立志。对于一位律法以下的人来讲,再没有什么事比立志为善后依旧作恶更加平易了。他可以轻

①　[译注]意思是奴隶(相当于情欲)本来应当住在给奴隶住的地方,当奴隶不住在奴隶住的地方时,他就"占据"了本不应当属于他的位置,窃取了本不属于自己的尊荣。所以奥古斯丁接下来说,"占据"意味着对次序的破坏。本来是由主人入住的居所却被奴隶占据。

而易举地立志为善,但却很难行出来。做一样他恨恶的,甚至违背他意志的事情却不困难;恰如一人被抛入水中后控制不了身体,虽然他不想沉入深渊,也极其恨恶深渊,但他抵达深渊却不会有什么困难。这就是我对"恶与我同在"的解读。因此,一个被设定在律法的状态下,尚未因恩典而得释放的人,就见证了律法的良善。因为他实在会因自己违反律法的行径而责备自己。他会觉得律法是善良的,因为他想要遵行律法的诫命,只是由于他已被贪心劫持,因此没有能力按照律法来行动。于是,他意识到自己的罪恶,这使他向解救者呼求恩典。

13. "因为按着我里面的意思。我是喜欢神的律。"律法说:"不可起贪心,但我觉得肢体中另有个律,和我心中的律交战,把我掳去叫我附从那肢体中犯罪的律。""肢体中另有个律"是保罗给我们背负的死亡起的名字,我们不堪重负,在它之下叹息。一个已衰朽的身子就叫灵魂败坏,使它时常寻求不义之事带来的快感,而不能拒绝它的引诱。保罗称这种剧烈而急促的负荷为一种律,因为神的审判已经对它课以刑罚,神先前警告说:"你吃的日子必定死。"(创2:17)这个律"和我心中的律交战",心中的律就是指"不可起贪心"。这是快活人的心的律,会叫人向往内里的事。然而,在他进入恩典以下的状态之前,另一个律就会和他的内心交战,将他劫持,叫他附从犯罪的律,这等于使他处在律法以下。通过重复说"在肢体中",保罗暗示了这个律就是他先前所说的"肢体中的另一个律"。

14. 以上都是为了说明被律法劫持的人不应倚赖他们自己的气力。保罗反驳犹太人,他们被贪心引诱,渴求律法禁止的事,可他们还傲慢地归荣耀给自己的律法之工;他们在律法中夸口:"不可起贪心。"那些被罪击溃、咒诅和捉拿的人,即便领受律法也不是得胜的,而是一名越界的罪犯,这类人必须卑微地哭求:"我真是苦啊,谁能救我脱离这取死的身体呢? 感谢神,靠着我们的主耶稣基督就能脱离了。"在我们这糜烂的一生中,仍然在一样事上具有自由意志:不是他可以实施他所意求的义,而是他可以谦卑、虔敬地呼求神,他能够赐下行义的能力。

15. 从我们刚才详细查考的使徒全部经文(它们已经经过了严密的论证)中,好些人可能会觉得,使徒认为律法是一桩邪恶的事物。保罗在其他地方也写道:"律法本是外添的,叫过犯显多。"(罗5:20)"那用字刻在石头上属死的职事。"(林后3:7)"罪的权势就是律法。"(林前15:56)"你们借着基督的身体,在律法上也是死了。叫你们归于别人,就是归于那从死里复活的……那因律法而生的恶欲就在我们肢体中发动,以致结成死亡的果子。但我们既然在捆我们的律法上死了,现今就脱离了律法。叫我们服事主,要按着心灵的新样,不按着仪文的旧样。"(罗7:4—6)我们还能够找出其他意义相近的经文,但请注意,保罗不是要指摘律法。他这样说是因为律法通过禁止起贪心,反叫人更加欲火中烧,从而将人变成冒犯律法的罪人。律法的命令,人因为意志的软弱而不能完全,除非他们虔诚转向神的恩典。那些在律法下的,就被律法支配;换句话说,律法责罚他们,对所有犯罪的人课以责罚。除非通过恩典获得实施律法诫命的能力,否则得到律法的,也将冒犯律法。因此,律法没有支配那在恩典中的,他们虽然曾在律法的权势下胆怯战兢,但现在就可以凭借爱来完全律法。

16. 假若保罗的话导致我们以为他想指摘律法,那我们要怎么理解"按着我里面的意思,我喜欢神的律"呢? 当他这样说时,他肯定是在肯定律法。不过有人可能会说,使徒在此谈论的是另一个律,即基督的律,而不是颁给犹太人的那个律。那我就要问,当保罗说"律法本是外添的,叫过犯显多"时,他指的哪个律法呢?他们回答说:"毫无疑问,指颁给犹太人的律法。"那当保罗说"罪趁着机会,就借着诫命叫诸般的贪心在我里头发动"时,他说的是同一个律法吗? "叫诸般的贪心在我里头发动"和"叫过犯显多"

难道有差别吗？也请注意其他意思完全一致的表述："罪因着诫命更显出是恶极了。"它和"过犯显多"说的是同一样事。如果我们说明诫命是良善的，而罪却利用机会借着它发动我里面的诸般贪欲，我们就识破罪与神完全背道而驰。让他们听听使徒自己的说法："这样，我们可说什么呢，律法是罪吗？断乎不是。"他们会说，这个律法是指基督的律法，也即恩典的律法。那他们要怎么解释下面这段经文："只是非因律法，我就不知何为罪。非律法说，不可起贪心。我就不知何为贪心。然而罪趁着机会，就借着诫命叫诸般的贪心在我里头发动。"当保罗说"律法是罪吗？断乎不是"时，他就充分指明在这一上下文中他论及的是什么律法。显而易见，保罗谈论的是这样的律法：罪趁机借着它的诫命发动诸般贪欲。因此，当它来到时，过犯就变得更多。这也是他们认定为恶的那个律法。保罗接下来说得更加明确："律法是圣洁的，诫命也是圣洁、公义、良善的。"他们还是会狡辩说这不是指颁给犹太人的律法，而是指福音。这都是摩尼教徒不可理喻和盲目的一意孤行。他们完全无视紧随其后的经文："那良善的是叫我死吗，断乎不是。叫我死的乃是罪，但罪借着那良善的叫我死，就显出真是罪。叫罪因着诫命更显出是恶极了。"也就是说，罪借着圣洁、公义、良善的诫命使过犯加多，从而表现了它最邪恶的一面。

17. 若律法是良善的，保罗为何称它是"死亡的职事"？因为"罪借着那良善的叫我死，就显出真是罪"。当保罗这样传福音时你们不要觉得稀奇："我们在神面前，无论在得救的人身上，或灭亡的人身上，都有基督馨香之气。在这等人，就做了死的香气叫他死。在那等人，就做了活的香气叫他活。"（林后 2：15—16）因此，律法就是差派给犹太人的"死亡职事"，对犹太人而言，铭刻在石板上的律法象征他们顽梗的性格。但这不适用于以爱来完成律法的人，因为爱是律法的完全。（罗 13：10）律法是不可废掉的，因它已经是铭刻在石头上的仪文，"不可奸淫，不可杀人，不可偷盗，不可贪婪",等等。使徒说律法因爱而完全:"因为爱人就完全了律法。像那不可奸淫,不可杀人,不可偷盗,不可贪婪,或有别的诫命,都包在爱人如己这一句话之内了。"(罗13:8—9)这当然也被写入同一个律法。若律法是良善的,保罗为何说"罪的权势就是律法"(林前15:56)?因为罪借着良善的律法叫我死,罪因为律法表现了最邪恶的一面,罪凭借对律法的违抗而攫取更多的势力。若律法是良善的,那为何保罗认为"你们借着基督的身体,在律法上也是死了"?因为我们不再被律法定罪,我们的性向已经得到解救,不再嗜好会受律法定罪和惩处的行为。我们更加习惯说律法是一种恫吓人,令人丧胆并向人课以重刑的事物。同样的戒令,对于害怕它的人来讲就是律法,对于欢喜它的人来说则是恩典。因此福音书写道:"律法本是借着摩西传的,恩典和真理,都是由耶稣基督来的。"(约1:17)同一样律法若借着摩西传,就使人惧怕,但若是从耶稣基督来,人就可以满足它,它就变为恩典和真理。所以经文"在律法上死了"应当被理解为,借着基督的身体,你就向律法所预示的刑罚死了,那把我们捆绑在律法刑罚之上的罪就得到了饶恕。若律法是良善的,保罗为何说"因律法而生的恶欲,就在我们肢体中发动,以致结成死亡的果子"(罗7:5)?

　　我已经多次指出,由于律法的戒令,人们会更加欲火攻心。而保罗在这里想要我们知道恶欲(它是一种过犯)应有的下场,罪借着良善的叫我死,就显出最邪恶的一面。若律法是良善的,保罗为何说我们"既然在捆我们的律法上死了,现今就脱离了律法,叫我们服事主,要按着心灵的新样,不按着仪文的旧样"(罗7:6)。对于那些不能以《新约》要求的爱心来完成律法的人来说,律法就是"仪文"。鉴于人们不能完全遵行仪文的条规,因此仪文会让他们感到不安,而那些在律法上死的人,就从仪文里得了自由。律法对于那些只知道它却不能实施它的人来讲,就不过是一堆"仪文"。为他们写下的仪文,他们并非不知。可由于他们仅仅知道却不热忧实施,因此它就不过是"仪文";"仪文"无法帮助知道它的人,而只能见证他们的罪恶。那些被圣灵更新的人就从律法所定的罪中得了自由,于是他们不再受仪文责罚的禁锢,而是因称义而理解仪文(的精意)。因此,"字句叫人死,精意叫人活"(林后 3:6)。当人们单单知道律法却不理解或实施律法时,律法就叫人死。在这种状态下,律法就被称作"仪文"。但精意叫人活,因为使律法完全的是"神通过圣灵浇灌在我们心里"的爱(罗 5:5)。

第二个问题 《罗马书》9:10—29

1. 我想现在该转到您所提出的第二个问题,它关乎对《罗马书》9:10—29 的解读,从"不但如此,还有利百加,既从一个人,就是从我们的祖宗以撒怀了孕"始,至"我们早已像所多玛、蛾摩拉的样子了"终。您请求我讨论全段的经文,它确实相当晦涩。但不能否认您对我的尊重,我也确信,除非您已经祷告,求神使我在灵里刚强,否则您不会邀请我阐释这段经文。对您的帮扶满怀信任所以我接手这项任务。

2. 首先,我应当力求领会使徒贯穿于其所有书信中的意图,然后从他的意图中寻求指示。这意图是,没有人可归荣耀给他的业功,但以色列人就胆敢夸口自己的业功,宣称他们已经满足颁给他们的律法,他们领受福音的恩惠要归于他们的业功。因此,他们并不情愿将这同一个恩惠传给外邦人,仿似外邦人配不上这恩惠,除非他们保证恪守犹太人的律法。这个难题在《使徒行传》中出现并得到解决。犹太人不理解就福音恩惠的本质而言,它并不是偿付义行的工价。若不然恩典也就不成其为恩典。在许多经文中使徒都时常为此做了见证,他指出信心的恩赐要先于行为;保罗并非不重视善行,而只是想要说明行为并不先于恩典,行为只是恩典的结果。人不可认为他领受恩典是因为他以前做的善工。毋宁说,若不是他借着信心得着恩典,他就不可能做出任何善工。人在某种或内或外的劝勉下接受信仰,他从信主的发端就开始领受恩典。但恩典是否丰足和全备则随时机与圣礼而定。[①] 慕道友并非不信之徒,否则哥尼流就还没有信主。但神已经记念他的祷告和周济,就派天使到他那里去。[②] 然而,假若他还没有相信,那么他的善行就算不上功德;如果他不是被某种秘密的呼召劝勉(透过心中或灵魂的异象劝勉,更加明显的劝勉则通过人身体的直觉向他传达),那么他就不会相信。某些人有信心的恩赐,就如慕道友哥尼流,但在通过领受圣礼而成为教会的肢体以前,他们断不能进神的国。而恩典在另一些人身上如此显多,以至于他们已经可以被认作与基督合为一体,属于神圣洁的殿了。[③] “神的殿是圣洁的,”使徒说,“这殿就是你们。”(林前 3:17) 主耶稣也亲自说:“人若不是从水和圣灵生的,就不能进神的国。”(约 3:5) 因此信心开始时尚未完备,它已接近受孕但还不足以受孕。一个人必须是在要得永生的条件下重生。信心和生命的发端都不能没有神怜悯的恩宠。正如我已经说过的,倘若存有任何善工,它们也发生在恩典之后而不是先于恩典。

3. 这就是使徒想要极力传讲的真理;正如他在别处所言:“你们得救是本乎恩,也因着信,这并不是出于自己,乃是神所赐的。也不是出于行为,免得有人自夸。”(弗 2:8、9) 保罗给出的例证是那尚在母腹中的人。人们不能说,在出世之前雅各就凭借值得赞誉的行为而与神和睦,好叫神在谈论他时说:“将来大的要服事小的。”神应许的话是这样说:“到明年这时候我要来,撒拉必生一个

---

① ［译注］这句话牵涉有形教会及圣礼在多大程度上参与了神无形的拯救工作。奥古斯丁虽然否认个人可以凭借自己的功德获救,但又给予人类组织在神施恩过程中某种地位,人得到的恩典是否丰裕仍然与他参与的某个教会共同体有关。
② ［译注］参见《使徒行传》10。
③ ［译注］例如与耶稣一起被钉十字架的强盗,他没有领受圣礼仍可进入神的国。

儿子。"（罗 9:9）所以，以撒不可能借任何应得奖赏的行为与神和好，使神应许他出世，也不可能凭借行为使神应许亚伯拉罕说："从以撒生的，才要称为你的后裔。"（创 21:12）这就意味着那属基督的众圣徒明白他们做后裔乃是因神的应许；他们就不夸口自己，而是借着呼召他们的恩典与基督同做后嗣。当神应许他们将来要做圣徒时，他们还没有在世上出生，因此也就不可能有任何功德。"利百加既从一个人，就是从我们的祖宗以撒怀了孕……"保罗注意到一个细节，即一次同寝行为让利百加同时孕有雅各和以扫，从而没有任何事情可以归于他们父亲的功德。人们不可能说，雅各为神所爱，是因为其父在与妻子同寝时有什么别致的安排；或者说雅各之母在怀他时受到某种特殊的对待。是在同一次同寝中，利百加同时怀了双子。保罗强调这一细节的另一原因是不给那些占星家或算命师任何机会，因为他们会从人出生的时刻来预卜人的性格和前途。由于利百加是在同一时刻，在星宿运行至同一位置时怀了双子，人们就根本无法解释，为什么双子在将来会有如此多的差别，人们绝无可能发现某种使他们有所不同的原因。只要他们愿意，星相家与算命师多半都能明白，他们兜售给贫苦人民的邪术纯属荒唐。它们在任何一种科学知识上都没有根据，它们只是漫无目的的臆测。

　　回到我们正要处理的事宜上，人们总是夸口自己的功德，蔑视神的恩典，上述讨论就是为了撕毁和击打这类人的狂傲。"双子还没有生下来，善恶还没有做出来，只因要显明神拣选人的旨意，不在乎人的行为，乃在乎召人的主。"因此，恩典属于那召人的主，蒙恩之人才可做出优良行为。善行并不导致恩典，恩典乃是善行的前导。我们不能说，火不热是为可以成为火；而是因为它热才可称作火。我们也不能说轮不碾地是为了可以被制作成圆形，而是因为它是圆形才可称作车轮。同理，行善不是为了赚取恩典，而是因为他已蒙恩，才可以做出善行。人若未称义，他怎么可能过一种义的生活？人的罪若未得到洁净，他怎么可能活出一个圣洁的生命？或者说，若不是神赐生命，人怎么可能存活？称义是神的恩典，好叫称义的人能够过一种义的生活。因此，发生在先的是恩典，善工才随后出现。正如保罗在别处所言："做工的得工价，不算恩典，乃是该得的。"（罗 4:4）当然，保罗在另一些段落中也谈到，善行可以得永恒的回报，好像保罗实际上认为，凭借他的行为，他就应当得到回报。如保罗说："那美好的仗我已经打过了。当跑的路我已经跑尽了。所信的道我已经守住了。从此以后，有公义的冠冕为我存留，就是按着公义审判的主到了那日要回报我的。"（提后书 4:7—8）你认为保罗说"那日要回报我"是指这都是他当得的？但当"他升上高天的时候，掳掠了仇敌"，他不是回报而是"赏赐给人"。① 使徒怎么可能会自以为是地把神的赏赐说成是应当偿付给他的工价？保罗曾经亵渎神，逼迫和残害教会；所以，除非他已首先领受他本不配得的恩典，已经被称为义，否则他怎么可能打美好的仗？当他见证自己的冒渎而非虔义时，他就得神的怜悯，他相信称他为义的主，神就通过称他为义使他变成一位属神的人。

4."不在乎人的行为，乃在乎召人的主。神就对利百加说，将来大的要服事小的。"我们可以借前文来清楚理解这句经文的意义："双子还没有生下来，善恶还没有做出来。"因此，拣选显而易见与行为无关，而只取决于召人的主。但我们在此必须明白，保罗为什么说"要显明神拣选人的旨意"。拣选是否公义？如何在同等的人中间做拣选？倘若雅各在还没有生下来以前就蒙神拣选（可他还没有做任何事情，从而也就没有任何功德），那么他本来就不应蒙选，因为他还没有表现出优异的品行。倘若以扫不是因为自己的过犯，也是因为在他生下来之前，在他做出任何事情之前就已经被神厌弃，那么当神说"将来大的要服事小的"时，神厌弃

_____

① ［译注］出自弗 4:8。

以扫公平吗？我们要如何根据平等原则来理解下面这句经文："雅各是我所爱的，以扫是我所恶的。"在双子生下来并过世很久后，借着先知玛拉基，神默示自己爱雅各，恶以扫（玛 1:2—3）。但这些相关的话语，即"将来大的要服事小的"在双子出生或行事之前神就已经说出来了。① 但是，倘若由于双子还未出世，也没有行出什么事迹，从而他们的功德就没有区别，在这种情况下拣选是如何发生的？或者说，在这种情况下是一种什么类型的拣选？是不是他们的天性可能就有某种程度的区别？鉴于双子是同一位母亲与同一位父亲在一次同寝中怀孕而生，他们是同一位造主的作品，因此谁能够说，他们的天性已有某种区别？神能够在一块地上造出千差万别的物种，神能够把一对男女结合所孕育的双子区隔开，喜爱其中一个而又厌恶另一个吗？在蒙选之人出生前没有拣选。倘若雅各被造时就是优秀的，好叫他可以蒙神怜爱，那他怎么在出生以前就已经蒙神所爱，好叫他可以优秀呢？因此，雅各蒙选不是因为自身的优秀，而是因为他被造时就已经优秀，从而他可以蒙神拣选。

5. "神拣选人的旨意"会不会是因为神已经预先料知一切，神在雅各甚至还未出生前就预见雅各的信心？无人可以凭借自己的善工在神面前称义，因为除非他被称为义，否则他不能有善工。然而，神按着信心称外邦人为义，并且人必须凭借他自己的自由意志相信。因此，神预见雅各会自由决断地相信，从而神就是通过预见来选择尚未出世的人，把义归给他？倘若拣选是基于神的预见，并且神预见雅各的信心，那你要如何证明，神并不是因为预见他的行为而拣选他呢？雅各与以扫都还没有相信神，因为他们还未出生，善恶也没有做出，神就预见了雅各的信心？依此逻辑，那神同样也

---

① ［译注］出自创 25:23。奥古斯丁想要说明，神爱雅各，厌恶以扫这件事情虽然在以色列的历史中很早就发生了，但是直到后来神借先知玛拉基才默示给以色列民族。但"将来大的要服事小的"这句话在雅各和以扫出世之前神就已经说过了。

可以预见雅各的善行。因此,既然人的信心和行为都能被神预见,那么如果有人说雅各蒙拣选是因为神预见他未来的信心,也可以说是因为神预见雅各将来要行出的善工。这样的话,当说"将来大的要服事小的"时,使徒要如何说明拣选的并非行为呢?倘若不能把拣选归于行为的理由是双子还没有生下来,那这也适用于信心;因为在他们出生以前,他们既不可有信心,也没有做出行为。因此,使徒不是想要我们以为,是因为神的预见使得弟弟蒙拣选,而长子要服事次子。保罗想要说明,拣选的不是行为,为此他强调说:"双子还没有生下来,善恶还没有做出来。"倘若他愿意,他本可以说神已经料知他们的未来。我们还是必须查考神为什么要这般拣选。拣选的不是行为,因为他们还未生下来,善恶还未做出来。拣选的也不是信心,因为他们也还未有信心。那么,这样拣选的理由是什么?

6. 我们可不可以说,本来不会有拣选,除非当双子还在母腹中时他们就已有了某种信心、行为或者功德上的差别?可是使徒说:"要显明神拣选人的旨意。"这就是为什么我们必须查考这类问题。或许我们在此要做一个区别。我们大概应当把"要显明神拣选人的旨意"这句话与它的上文而非下文连起来读。它可能不是指,大的将要服事小的,好叫神拣选人的旨意显明;而是指,双子(他们还未生下来,善恶还没有做出来)被当作一个拣选不能被理解的案例。倘若我们读作"双子还没有生下来,善恶还没有做出来,只因要显明神拣选人的旨意",它意味着双子善恶还没有做出来,从而不可能出于他们已经做出的善绩来拣选。没有出于善绩的拣选,行为不能显明神拣选人的旨意。因此,"不在乎人的行为,乃在乎召人的主",这就是说,神施恩呼召不信之人的信心,称他们为义,"神就对利百加说,将来大的要服事小的"。因此,神的旨意并未按照拣选来显明,但拣选是神旨意的结果。换言之,并不是因为神预见了人的行为从而拣选他,从而显明他称人为义的旨意,而是因为神称相信的人为义的旨意得到显明,神才因此寻找他们身上的善行,好叫他们可以被选上进入天国。倘若没有拣选,也即没有可供拣选的(义人),那么说"谁能控告神拣选的人呢?"(罗8:33)就本应是错误的。拣选并不先于称义,但是在称义之后发生。没有人可以蒙神的拣选,除非他同神所厌恶的人相分别。《圣经》有言:"神从创立世界以前,在基督里拣选了我们。"(弗1:4)若不是以预见的方式,我想不明白神怎样在创立天地以前就已经拣选了我们。不过在这里,当保罗说"不在乎人的行为,乃在乎召人的主"时,他想要我们晓得,拣选不是通过功德,而是借神白白的恩赐,以免有人因自己的善行而得意。"你们得救是本乎恩,也因着信。这并不是出于自己,乃是神所赐的。"(弗2:8)

7. 但问题在于,人信心的功德是否使人称义,信心的功德是否先于神的怜悯;或者说,信心在事实上是否要算为神的恩赐。请注意当保罗说"不在乎人的行为"后,没有说"乃在乎人的信心,神就对利百加说,将来大的要服事小的"。不,保罗说的是:"乃在乎召人的主。"人若非蒙召,他就不会相信。神召人乃是出于他的怜悯,而不是为了回报人的信德。人信心的功德并不先于神的呼召,而是后于神的呼召。"未曾听见他,怎能信他呢?没有传道的,怎能听见呢?"(《罗马书》10:14)因此,若不是神先怜悯地呼召,就无人能够信他,也无人能够称义,从而有能力行善。因此,恩典先于一切的功绩。基督已为不信的人死。雅各得到神应许说"将来大的要服事小的",这出于召他的主,而不在于他自己任何值得称许的行为。因此经文"雅各是我所爱的"是真实的,但它在乎召人的神,而不在乎雅各的义行。

8. 那以扫的情况如何?经上说"他要服事小的",并且"以扫是我所恶的"。既然在他出世之前,在他还没有做出善恶以前,神的话就已经说出,那以扫怎会因为自己所行的劣迹而得这样的下场?或许,恰如雅各没有任何值得夸耀的行为就得到神的应许,以扫也是在没有做出任何值得厌恶的劣迹以前就为神所恶。倘若神预定以扫服事小的是因为神预见他将来要行的劣迹,那神也必定是因为预见雅各的善工预定他将来要被大的服事。这种理解便与"不在乎行为"这一说法矛盾。倘若拣选的确不在乎人的行为——神在双子生下来和做出善恶以前就已经拣选了雅各,这一事实证明了它的正确(也不在乎人的信心),因为类似地,双子在生下来以前不可能有信心——那以扫怎会在他出生以前就为神所恨恶? 有一样事情是毋庸置疑的,即神造了一个他所爱的。可是,说神造了一位他所恨恶的就很离谱。因为有另一处经文写道:"你爱一切所有,不恨你所造的;如果你憎恨什么,你必不会造它。"(智 11:24)①太阳是凭借什么功德而为神所造呢? 难道月亮是因为冒渎而在太阳面前黯然失色? 那月亮又是怎么获得比其他星辰更加皎洁明亮的权利? 所有这些事物都各从其类,神视它们甚好。神不会说"太阳是我所爱的,月亮是我所恶的"或"月亮是我所爱的,星辰是我所恶的",就如神说"雅各是我所爱的,以扫是我所恶的"。神爱这一切所造的,因为当神以道创造它们时,神认为它们都是精良的作品,尽管神赐予它们的精良程度有所分别。除非以扫因他本身的不义而受神的厌恶,否则神厌恶以扫就是不公义的。倘若我们承认这一点,那么雅各必蒙神宠是因为他自己的公义而配得上神的喜爱。但如果这样说正确,那么说"不在乎行为"就不对。有没有可能是因为信心的义而蒙神的拣选呢? 但你能以"双子还没有生下来"来支持这个观点吗? 当人还未生下来时,信心的义也是不能存在的。

9. 使徒意识到,当人们听到或者看到这些经文的时候,就会在心中怀疑神的公义,因此他接下来立即写道:"这样,我们可说什

---

① [译注]在思高本《圣经》中,此句经文在《智慧篇》11:25。奥古斯丁要到第 18 节才开始回答这个疑问。

么呢？难道神有什么不公平么？断乎没有。"这就是告诉我们，神并没有什么不公平，他继续写道："因此他对摩西说，我要怜悯谁，就怜悯谁，要恩待谁，就恩待谁。"倘若神要怜悯谁，就怜悯谁，要恩待谁，就恩待谁，这种说法可以打消或者至少减轻人们的疑虑吗？但我们的主要困惑仍在，这就是，为什么神没有怜悯以扫？为什么神没有怜悯以扫，将他造得和雅各同样的优秀？这些字句的真实含义大概是：倘若神怜悯谁，好叫他蒙召，那么神就会怜悯他，使得他相信；通过怜悯他，将信心赐给他，神就彰显对他的恩待，使他也可以恩待他人，从而实施善的工作。这句经文是劝勉人们，不应为他自己仁慈的工作夸口或者得意，仿似他可凭借自己值得夸耀的工作来讨神的悦纳。当神要恩待谁时，他就恩待谁，赐他一颗恩慈的心。倘若有人夸口说，他因信心而配得上神的恩待，那就要使他知道，信心乃神所赐。神要恩待谁，就在他尚未相信时，赐他在呼召中有份，唤起他的信心来彰显对他的恩待。因为神已经将信徒从不信者中间分别出来。"你有什么不是领受的呢？若是领受的，为何自夸，仿佛不是领受的呢？"（林前4：7）

10. 这说法完全正确，但为何神的怜悯没有临到以扫，以至于以扫没有蒙召，也没有蒙召唤起的信心，从而以扫就没有借着信心而变得可以恩待他人，做出善的事迹？难道是因为他不愿意？倘若雅各有信心是因为他愿意，那么这信心就不算作神白白赐他的礼物，而是雅各自己的定意，那么雅各就有某些东西不是从神那里领受。或者还是说，除非人愿意，否则没有人能够信主？或除非他已蒙召，否则他就不能愿意？还是说，除非神已呼召他，并赐给他信心，否则没有人可以蒙召？因为虽然没有人可以违背自己的意志信主，但除非他已蒙召，否则没有人可以信主。"未曾听见他，怎能信他呢？没有传道的，怎能听见呢？"因此，那些未蒙召的，没有一个可以信主，但也不是所有蒙召的都会信主。"因为被召的人多，选上的人少。"（太22：14）选上的人在蒙召之后没有漠视神，而是相信、追随神。而且他们是发自肺腑地相信,这点没有悬念。那么接下来的情况如何? 保罗说:"据此看来,这不在乎那定意的,也不在乎那奔跑的,只在乎发怜悯的神。"这难道是指,若不是我们蒙召,我们就不能定意? 难道是说,若不是神扶助我们,我们的定意就没有丝毫作用? 但我们必须定意和奔跑。下面的经文我们从不否认:"在地上平安归于有善意的人。"(路 2:14)①以及,"你们也当这样跑,好叫你们得着奖赏"(林前 9:24)。但不是由于那定意的,也不是由于那奔跑的,而是因为神施怜悯,我们才可以实现我们的愿望,抵达我们渴望的目标。因此,以扫既没有定意,也没有奔跑。倘若他曾经定意和奔跑,他就会得神的扶助,神就会通过呼召,赐他定意与奔跑的能力,他也就不会因为轻蔑神的呼召而遭遗落。神赐予我们两样不同的东西:一样是立志的能力,一样是我们立志所要成就的事物。立志的能力既属于神,也属于我们自己:就神的呼召来说,立志是神给的;就追随呼召来说,立志是属我们的。但我们所立志成就的事物,即行正当的事和永远幸福的生活,确切地说完全是神赐给我们的。但以扫还未出世,因此他就不可能立志成就这些事物。那为什么当他尚在母腹中时,他就被神拒绝? 我们再度回来讨论这个难点,它令我们感到烦不胜烦,不仅因为这是一个晦涩难明的问题,而且也因为我们在它上面驻足不前。

11. 为什么在以扫还未诞生以前,在他既无法相信发呼召的神,也不能轻慢他的呼召以前,在他的善恶还没有做出来的时候,他就已经被神厌弃? 若是因为神预见他未来邪恶的意志,那为何雅各不是因为神预见他的善意而蒙选? 倘若你承认,人会因为他

---

① ［译注］奥古斯丁可能是根据耶柔米的武加大本来理解这句经文的。武加大本的译文是:in terra pax in hominibus bonae voluntatis (On earth peace to men of good will)。这种翻译可能就把平安认作人善良意志的结果。希腊语是: ἐπὶ γῆς εἰρήνη ἐν ἀνϑρώποις εὐδοκίας(On earth peace among men with whom He is pleased)。它更倾向于认为,是神所喜悦的人才能得到平安。思高本与和合本都是采取更为接近希腊语意思的译法。

过往不曾具备的某种素养而被神认可或厌弃,只是因为神预见他的未来,那么也可以推出,人可以借着工作而蒙神的批准,因为神预见他将来必要实施,尽管他当下还未实施。可这样你便无从支持那种观点:它基于在孪生子还未诞生时神就说"将来大的要服事小的"的事实。因为他们都还没有做出任何善恶,你就不能说明为何呼召不是基于人的工作。

12. 只要你记住"据此看来,这不在乎那定意的,也不在乎那奔跑的,只在乎发怜悯的神"这句经文,你就会看到,使徒指出,不仅因为我们乃是在神的帮助下实现我们的愿望,而且因为——正如他在另一处所言——"就当恐惧战兢,做成你们得救的工夫。因为你们立志行事,都是神在你们心里运行,为要成就他的美意"(腓2:12、13)。保罗在此澄清了善意本身也是神在我们心中运作的结果。倘若他说"这不在乎那定意的,也不在乎那奔跑的,只在乎发怜悯的神",仅仅因为意志并不是我们可以过一个公义与正直生活的充足条件,除非我们得到神的扶携,那么,保罗也可以把上面的经文反过来说,"这不在乎发怜悯的神,而只在乎那定意的人",因为我们同样可以说,神的怜悯本身并不是一个充足的条件,除非我们在意愿上予以配合。但事实上,只有神发怜悯,我们才可以立志,因为是神的怜悯赐予我们立志的能力。因此,不管是我们在心中立志,还是成就神的美意,都是出于神的工作。倘若我们质疑善意是否是神的恩赐,倘若有人胆敢拒绝这一说法,我会为此感到吃惊。因为善意并不先于神的呼召,呼召是我们善意的前导,因此我们所有的善意就当公正地归于召我们的神,我们若蒙召,这不能归于我们自己。因此,"这不在乎那定意的,也不在乎那奔跑的,只在乎发怜悯的神"这句经文的意思并不只是,若不是神的帮助,我们所立志要做的事就无从实现,还指,若神不呼召我们,我们甚至无法立志。

13. 但是,如果呼召是善意的真正起因,而所有蒙召之人都会追随呼召,那"被召的人多,选上的人少"怎么可能准确? 倘若确实并非每个被召之人都会顺从神的呼召,而是拥有执意拒绝呼召的能力,那就可以合理推出:这并不在于发怜悯的神,而是在乎那定意和奔跑的人,因为发怜悯的神的呼召起不到决定性作用,除非呼召对象顺服地回应。或许,神以某种方式呼召那些不会回应呼召的人。假若神以另一种方式呼召,这些人可能就会决意相信,因此,说"被召的人多,选上的人少"是准确的。它是说,呼召向多人发出,但他们并没有被感化;而那些追随呼召的人,会应合领受神的呼召。"这不在乎那定意的,也不在乎那奔跑的,只在乎发怜悯的神"同样准确。因为对于那追随神的呼召的人来说,这呼召正好切中他们的心意。这呼召也向其他人发出;它是那样发出,以至于他们并没有被它感化,无法胜任神的呼召,因此他们虽然蒙召,但没有被选。在这种形势中仍然不能以为,这不在乎那发怜悯的神,而在乎那定意和奔跑的人。因为,只要神愿意,神施怜悯的实效就不可能被人的气力阻碍。如果神决意怜悯谁,他就会以一种应合他们的方式呼召,好叫他们感化、理解、追随。因此,说"被召的人多,选上的人少"是准确无误的。被选上的人,是因为神巧妙地(congruenter)①呼召他们;而那些未得神巧妙呼召之人,就不会顺服向他们发出的呼召,他们就不会蒙选,因为他们虽然被召,但事实上并没有遵照这呼召。在这种情况下,说"这不在乎那定意的,也不在乎那奔跑的,只在乎发怜悯的神",仍然准确。因为,神虽然向多人发出呼召,但他的怜悯只施于他巧妙呼召的那些人身上,从而也只有这部分人会遵照他的呼召。而"这不在乎发怜悯的神,但在乎定意与奔跑的人"是诡诈的说法,因为神的怜悯断不会付诸东流。他要恩待谁,就以一种他知道能应合他的方式来呼召他,好叫他不至于拒绝呼召。

---

① ［译注］congruenter 直译为"应合地""合适地"。

14. 可能有人会说,为什么神没有巧妙地呼召以扫,好叫他可以愿意顺服呼召? 我们可以看到,当神向人们彰显或启示耶稣是神这件事实时,人们会以不同的方式感化和相信。例如,在圣灵的启示下,西门在年岁尚幼时就信了我们的主耶稣基督。拿但业不过因耶稣的一句话("腓力还没有招呼你,你在无花果树底下,我就看见你了"[约1:48])就回复道:"拉比,你是神的儿子,你是以色列的王。"后来,当彼得听说他将蒙福,天国的钥匙已经赐给他时,他就做了同样的表白。还有,当门徒在加利利的迦拿看到耶稣行以水变酒的神迹后,就信了他。《约翰福音》记载,这是耶稣传递信息的伊始。耶稣通过谈道来开导人们相信,但即便有死而复生的神迹,许多人仍然不信。其实,即使是耶稣的门徒,他们也因耶稣的十字架与受难而极度恐慌、精疲力竭,但与耶稣同钉的强盗却很快信主,因为耶稣不高举自己,而是列在罪犯之中,和他们在十字架上一起有份。有一位门徒在耶稣死而复生后相信,但这位门徒的相信,与其说是因为耶稣死而又活的身体,还不如说是因为他最近所受的枪伤。许多曾经诅咒过耶稣、在耶稣行神迹时亵慢耶稣的人,后来却因耶稣门徒传讲耶稣之名,并奉他的名行神迹异能而信主。因此,人进入信心的道路是不同的,它以这种方式传时,人们就会感化,但以另一种方式传时,人们却会无动于衷。因此,谁胆敢断言,神没有方法呼召以扫,好叫他专注信心,立志相信,像雅各一般在信中称义? 但如果人的意志固执顽强,以至于不论神以何种方式呼召,他的心都刚硬地抗拒,那么问题便在于,他的心变刚硬是否出于某种天罚? 神若和谁断离,呼召就不会以某种好叫他可以被感化而相信的合适方式向他发出。谁敢放胆断言,全能之神会在以扫的刚硬面前束手无策,不能叫他感化相信?

15. 不过,我们为何要提出这样的疑问? 使徒继续指出:"因为经上有话向法老说,我将你兴起来,将要在你身上彰显我的权

能,并要使我的名传遍天下。"使徒添增此例以证明他之前的说法:
"这不在乎那定意的,也不在乎那奔跑的,只在乎发怜悯的神。"就
如有人追问保罗,你这番教义有没有出处? 保罗就回复"因为经上
有话向法老说"等。因此他说明了这不在乎那定意的,而只在乎发
怜悯的神。保罗的结论语是:"如此看来,神要怜悯谁,就怜悯谁,
要叫谁刚硬,就叫谁刚硬。"保罗之前并没有完整地陈明这些真理,
他只是说:"这不在乎那定意的,也不在乎那奔跑的,只在乎发怜悯
的神。"但是他没有说:"不在乎那抵挡的,也不在乎那亵慢的,只
在乎叫心刚硬的神。"所以,保罗通过正反两个说明——神要怜悯
谁,就怜悯谁,要叫谁刚硬,就叫谁刚硬——叫我们明白,新旧两种
表述的意思是统一的,神叫他们刚硬的含义是他们要抵拒神的怜
悯。我们断不可以为,人变得更坏与神无关,或神没有助人为善。
可是,倘若人自身的功德没有区别,谁不会立即反驳,正如保罗反
问自己:"这样,你必对我说,他为什么还指责人呢? 有谁抗拒他的
旨意呢?"多处经文已经表明,神时常指控人,因为他们拒绝相信,
远离义的生活。而循神意生活的信实之徒行走真道,《圣经》也没
有指责他们。可是,既然"他要怜悯谁,就怜悯谁,要叫谁刚硬,就
叫谁刚硬",保罗却又说:"他为什么还指责人? 有谁抗拒他的旨
意呢?"就让我们联系前文,也求神亲手指示我们理解的路。

16. 使徒在之前曾说:"这样,我们可说什么呢,难道神有
什么不公平吗? 断乎没有。"神绝不是不公平的,我们要让这
一真理不可动摇地深植于心,使其成为我们坚不可摧的基本信
条。我们也要尽心尽意地相信,神要怜悯谁,就怜悯谁,要叫谁
刚硬,就叫谁刚硬。换言之,他的怜悯取决于他的意志。我们
必须相信,这里面藏有公平,但并不能被人类的评价标准发现。
不过,我们可以在俗事以及地上的治理中观察到它产生的效
果。除非我们从这些俗务中寻觅到天上公义的踪迹,否则我们
柔弱的心性断不可能敬仰并寻求属灵训诫圣洁与纯真的根源。

"饥渴慕义的人有福了,因为他们必得饱足。"①就我们此生必死的光景而言,若不是从天上而至的甘霖,若不是公义轻柔的呼吸,我们就太过于缺乏,不仅是饥渴,更是水深火热的煎熬。人类社会交织着付出与收获,事物必须有借有还。倘若谁索要属于自己的钱财,没有人能够指责这有什么不义。当然,如果谁预备舍弃属于自己的东西,这也不能受到不义的控诉。这个决定并不在乎欠债的,而在乎那发钱的。正如我所言,至高正义的踪迹或者形象就彰显在人类的商业交往中。由于所有人都是罪人,如使徒所言,"在亚当里众人都死了"(林前15:22),人类抗拒神的原罪可以追溯至亚当,那么按照至高的公义,人类就要为自己的罪偿付罚金。因此,神是免除还是收回罚金都没有任何的不公允。倘若是欠钱一方发布声明,决定拒还本应支付的罚金,这就显露了自己的狂傲。正如对在葡萄园当差的雇工来说,如果别人拿与自己一样的工钱他就因此埋怨主人,而这对主人就不公平(参见太20:11以下),所以使徒要压制这类冒失粗鲁的提问,他说:"你这个人哪,你是谁,竟敢向神强嘴呢?"神指控罪人会引发某些人的不快,他会与神顶嘴,好像当神不愿赐怜悯给某些罪人时,是神强迫他们做罪人似的,但神只是叫某些罪人变得刚硬;神并没有决定他们的罪,而只是没有向他们施怜悯。神按照公平的标准决定谁将不得怜悯,但这标准却是秘密,远远超乎人类的理智。"他的判断,何其难测,他的踪迹,何其难寻。"(罗11:33)神公正地指控罪人,因为并不是神使他们犯罪。他也公正地施人怜悯,让他们在受神指控时追随呼召,诚心悔过,领受神的恩泽。因此,神的指控既是公义,又显怜恤。

17. 因此可以肯定,无人能够抵挡神的意志。神要帮助谁,就

---

① [译注]出自太5:6。

帮助谁,神要遗落谁,就遗落谁。不论神所帮助的还是神所遗落的,本都是罪人,他们都应还债。然而神却免了若干人的债,又向其他人催还。你若对此不满,"你这个人哪,你是谁,竟敢向神强嘴?"我认为,"你这个人哪"与另外一处经文"这岂不是属乎肉体,照着世人的样子行吗"中的"属乎肉体"有相同的含义,它们指属乎血气和肉体的人。保罗向这类人说:"我从前对你们说话,不能把你们当作属灵的,只得把你们当作属肉体……那时你们不能吃,就是如今还是不能,因为你们仍是属肉体的。"(林前 3:1—3)保罗还说:"属血气的人不领会神圣灵的事。"(林前 2:14)所以,保罗会在我们当下讨论的章节中说:"你这个人哪,你是谁,竟敢向神强嘴呢?受造之物岂能对造他的说,你为什么这样造我呢?窑匠难道没有权柄,从一团泥里拿一块做成贵重的器皿,又拿一块做成卑贱的器皿吗?"或许保罗在此已清楚指出,人是属肉体的,因为始祖是从尘土造的;并且,我记得保罗还说,众人都死在亚当里,这就像说,人都由这一团尘土构成。在这一团尘土中,虽然有的被做成贵重器皿,有的被做成卑贱器皿,但即便是贵重器皿也是从属肉体的发端,后来才升华至属灵的状态。

虽然贵重的器皿已在基督里重生,但形若婴孩,因此保罗称他们为属肉体的:"弟兄们,我从前对你们说话,不能把你们当作属灵的,只得把你们当作属肉体,在基督里为婴孩的。我是用奶喂你们,没有用饭喂你们。那时你们不能吃,就是如今还是不能,因为你们仍是属肉体的。"虽然他们在基督里重生,但保罗称他们仍属肉体,是基督里必须哺乳的婴孩。通过补充说"就是如今还是不能",保罗暗示那有长进的弟兄终有一日能,因为他们的灵魂已经得更新,恩典已开始在他们身上推展自己的工作。所以,这些人已经被"做成贵重的器皿",向他们说"这个人哪,你是谁,竟敢向神强嘴"就是合适的。倘若这句经文可以向这类人说,那也完全可以向那要么还未重生,要么已经被做成卑贱的器皿的人说。我们只要坚定不移地相信，神没有不公义。不论他是索债还是免债，那被索要的人都不能正当地指责神有什么不公允，而免去债务的人也不应将这归于他自己的功德。对于前者而言，除了偿还债款，他并没有支付额外费用；对于后者而言，除了领受的，他原本一无所有。

18. 如果主愿帮补我们，在此刻我们就必须尝试理解，"如果你憎恨什么，你必不会造它"与"雅各是我所爱的，以扫是我所恶的"这两段经文都是正确的。记住，窑匠拿一块做贵重的器皿，又拿一块做卑贱的器皿。倘若以扫因为是卑贱的器皿而遭神厌恶，那么，"如果你憎恨什么，你必不会造它"这句经文怎么可能准确？因为在这种情况下，神亲手造了一个卑贱的、令他憎恨的以扫。只要我们理解神乃是万物的工匠，就可以解决这个棘手的难题。神的造物都是优秀的。人并非作为罪人而被造。神是人身体与灵魂的造主，它们都不是恶的，神并不憎恨这两者。神所造的，他并不憎恨。但是，灵魂比身体更加优异。神创造灵魂和身体，并将两者捏合为一体，因此，神比身体和灵魂更加优秀。神憎恨的不是人，而是人身上的罪。罪是人的任性，是人身上次序的匮乏，就是说，人背离更优越的造主，却趋向比他卑劣的事物。神并不憎恨以扫这个人，而是憎恨以扫的罪。就像《圣经》在谈论主耶稣时说："他到自己的地方来，自己的人倒不接待他。"（约 1:11）主耶稣还对这等人说："出于神的，必听神的话。你们不听，因为你们不是出于神。"（约 8:47）为什么说这地方是"神自己的"，而他们却"不是出于神"？因为，第一个表述的意思是，他们都是主亲手造的，而第二个表述则把他们看作神憎恨的罪人。他们是人，同时也是罪人；神创造了人，但他们却因自己的意志而成为罪人。我们看到神喜爱雅各，那么雅各就不是罪人吗？神喜爱雅各的地方不是他已消失的罪，而是他已白白赐他的恩典。基督为不信的人死，不是叫他们在不信中沉沦，而是叫他们应称为义，从以往的不敬中悔改，相信称他们为义的主。因为神憎恨不敬。对于某些人，神诅咒他们作为惩罚;而对另一些人,神就称他们为义,袪除他们的不敬,神照他隐密的审判来称他们为义。

　　而神没有称为义的那些不敬神者,他们就是卑贱的器皿;但神憎恨的,并不是他所造的,虽然就他们不敬神而言,他们的确令神憎恨。为了某些用途,神将他们做成器皿,"贵重的器皿"就可能明白,惩罚是对恶公正的审判。因此,神并不因为他们是人、是器皿而憎恨他们,也就是说,就他创造他们,就神对其罪恶施以惩罚而言,神并不憎恨。凡神所做的,神必不憎恨。神把某些人做成属地狱的器皿是为了归正他人。神憎恶不敬,但不敬不是出于神的创造。法官憎恨盗贼,但发配盗贼去穷山恶水这一点法官必不憎恨。盗贼要为他们的罪行负责,法官也要为他们的审判负责。因此,神不会憎恨,当他从不敬神的尘土中做成要下地狱的器皿,当神审判遭毁灭之人,对他们施以正当惩罚时,这些工作神必不憎恨;因此,神怜悯谁,谁就可能得到救恩的机会。因此经上有话向法老说:"我将你兴起来,特要在你身上彰显我的权能。并要使我的名传遍天下。"神的权能和名号在全地彰显,能够帮助蒙神巧妙呼召的人,因为他们可以从神的权能和名号中学到敬畏,从而修直他们的路。因此,使徒继续说:"倘若神要显明他的愤怒,彰显他的权能,就多多忍耐宽容那可怒预备遭毁灭的器皿……"我们可以从中听到弦外之音:"你是谁,竟敢向神强嘴?"它必须被理解为反复吟唱的副歌部分——倘若神要显明他的愤怒,忍耐那可怒的器皿,你是谁呢,竟敢向神强嘴? 但不仅是我们刚引用的字句必须被这般理解,下面的经文也要被这般理解:"又要将他丰盛的荣耀彰显在那蒙怜悯早预备得荣耀的器皿上。"神忍耐宽容,这对于那预备遭毁灭的器皿而言并无益处。神照正当的程序毁灭他们,并使用他们作为一种救恩手段以帮助他施怜悯的人。不过,对于得救的人来说,神毁灭可怒的器皿就颇有益处。如经上所记:"义人要在恶人的血中洗脚。"(诗 58:10)意思是,当他目睹罪人的毁灭,他就因敬畏神而远离恶事。神显明他的愤怒，忍耐可怒的器皿，可以为其他人树立一个有益的榜样，而且也有益于"将他丰盛的荣耀彰显在那蒙怜悯早预备得荣耀的器皿"上。渎神者的刚硬表明两样事：人应当虔诚地敬畏神，呼求神；并且感恩神施予他的怜悯。我们看到，神通过让若干人承受责罚，彰显赐给其他人的丰盛礼物。倘若神向前者收回罚金是不公正的，那么神免了人的债，这一点就不算作赐他们的礼。但因为神收回罚金是公正的，因此神在惩罚他们时没有任何不公允。谁向神表达过足够的感谢？因为神免去的债款本应是偿还的，倘若神想要收回，没有人可以拒绝。

19. "这器皿就是我们被神所召的，不但是从犹太人中，也是从外邦人中。"这就是说，我们也是得怜悯的器皿，神已经预备把我们做成荣耀的器皿。他并没有召全部犹太人，而是召部分犹太人。他也没有召全部外邦人，而只是召部分外邦人。亚当以后，不论犹太人和外邦人都远离神的恩典，是一团罪和渎神的土。倘若窑匠从这团土里拿一块做贵重的器皿，拿一块做卑贱的器皿，那么显然神是把若干犹太人做成贵重的器皿，而把其余人做成卑贱的器皿；外邦人的情况也与此类似。因此，我们必须明白，所有人都属于这一块土。接下来，使徒开始提到先知对犹太人和外邦人所说的见证，只是他颠倒了谈论的顺序。因为他曾经首先谈论犹太人，然后谈论外邦人，现在他就先提出关乎外邦人的见证，然后再谈关乎犹太人的见证。就像神在《何西阿书》上说："那本来不是我子民的，我要称为我的子民。本来不是蒙爱的，我要称为蒙爱的。从前在什么地方对他们说，你们不是我的子民，将来就在那里称他们为永生神的儿子。"这必须被理解为是在谈论外邦人，因为他们不像犹太人，在耶路撒冷拥有一个固定的献祭场所。众使徒就被差遣去外邦人那里，所有信主的人，不管他们是在什么地方信主，都可以在那里献赞美的祭，因为神已经应允他们可以成为神的儿子。"以赛亚指着以色人喊着说"是为免有人以为全部以色列人都去了地狱,以赛亚就指出,在以色列人中间,也有一些人被做成贵重器皿,而其他人被做成卑贱器皿。他说:"以色列人虽多如海沙,得救的不过是剩下的余数。"多数人都是预备遭毁灭的器皿。"因为主要在世上施行他的话,叫他的话都成全,速速的完结。"就是说,神会施恩拯救信主的人,以信心速速地完结而不再用繁文缛节。这些仪式就像奴仆所负的轭,给以色列众百姓带来沉重的负担。神就施恩,使他的话在我们身上成全,在地上速速完结,"因为我的轭是容易的,我的担子是轻省的"(太 11:30)。使徒稍后写道:"这道离你不远,正在你口里,在你心里。就是我们所传信主的道。你若口里认耶稣为主,心里信神叫他从死里复活,就必得救。因为人心里相信,就可以称义,口里承认,就可以得救。"(罗 10:8 以下)这是神要在地上成就和速速完结的话。正是凭借着这句话的完全和简洁,那位强盗就被称为义,当他的四肢被钉在十字架上时,他白白地就得到了它们;人心里相信,就可以称义,口里承认,就可以得救。所以耶稣马上告诉他:"今日你要同我在乐园里了。"①

在领受恩典后,假如这位强盗还能够继续在人间生活,那么他就会做出善工。由于他已经作为一名强盗被钉上了十字架,那么他定然没有可以配得上恩典把他从十字架调动到乐园的功德。又如以赛亚先前说过:"若不是万军这主给我们存留余种,我们早已像所多玛、蛾摩拉的样子了。""给我们存留余种"这里的意思就相当于另一段落中的"得救的不过是剩下的余数"。因为按照正当的责罚,其余人都将遭毁灭,他们就是遭毁灭的器皿。那些没有像所多玛、蛾摩拉遭毁灭的,不是因为他们自己的任何功绩,而是因为神的恩典,这剩下的余种将会在全地生长出另一片庄稼。所以,保罗在稍后写道:"如今也是这样,照着拣选的恩典还有所留的余数。既是出于恩典,就不在乎行为。不然,恩典就不是恩典了。这

---

① ［译注］出自路 23:43。

是怎么样呢，以色列人所求的，他们没有得着。唯有蒙拣选的人得着了，其余的就是顽梗不化的。"（罗 11：5 及以下）神怜悯的器皿得着了，而神震怒的器皿就成了顽梗不化的。神怜悯的和神震怒的都属同一团土，他们同样充满在外邦人中间。

20. 有一处经文与我们在此处理的事宜高度相关，它精彩地证明了我的观点。它所在的经卷名是《便西拉智训》，也有人称为《德训篇》。其中写道："众人都是从土来的，因为，亚当就是用土造成的。上主以自己的绝大智慧，使众人各有分别，使他们的道路各有不同。他们中有被他祝福而抬举的，有被他祝圣，然后引他们亲近自己的，但也有被诅咒和贬抑，从本位上被推翻的。有如泥土在陶工手里，可以任意捏造处置，要做什么样式，都系于陶工的意思；同样，人在创造者手里，上主照自己的决定，来处理他们。善与恶相对，生与死相峙，罪人也与虔敬人敌对。请看至高者的一切化工：无不两两相对，一一对立。"（《德训篇》33：10 及以下）作者首先赞美神的智慧。"上主以自己的绝大智慧，使众人各有分别"，与得永福的分别。"使他们的道路各有不同"，使他们当下活在朽坏中。

因此，虽然神的创造都是上乘之作，但众人却因始祖的罪和死亡的罚役而成为这样一团土。在每个人那里都有样式以及相称的身体，它们各司其职，使徒用它来说明如何得到慈爱。万物都是灵魂赋予属土的成员生气，当身体服从灵魂的管理时，整个人就表现出美好的谐调。但由于罪的责罚，结果属血气的贪欲现在就支配人性，人成为一团被原罪充斥的土，它使全部人族陷入迷乱。于是他就继续写道："他们中有被他祝福而抬举的，有被他祝圣，然后引他们亲近自己的；但也有被诅咒和贬抑，从本位上被推翻的。"他后面的话就像保罗说的："窑匠难道没有权柄，从一团泥里拿一块做成贵重的器皿，又拿一块做成卑贱的器皿吗？"他以相似的话说："有如泥土在陶工手里，可以任意捏造处置，要做什么样式，都系于陶工的意思；同样，人在创造者手里，上主照自己的决定，来处理他们。"保罗说："难道神有什么不公平吗？"西拉①还说："上主照自己的决定，来处理他们。"因此，神就把惩罚分派给被定罪的。这一措施即便对得怜悯的人而言也是有用的，因为他们可以从中长进认识，正如西拉所言："善与恶相对，生与死相峙，罪人也与虔敬人敌对。请看至高者的一切化工：无不两两相对，一一对立。"人们通过与恶对比来了解善，善也在这种对比中彰显出来。并且，是恩典造就了好人。西拉并没有提到剩下的余种将会得救，但他后来也谈到了某种残余："最后我也醒悟了，来搜集箴言，如同在收获葡萄的人后面，拾取残余的人。"②西拉要如何证明，这不是因为他自己的功德而是神的恩典呢？他就说："蒙上主的祝福，也像收获葡萄的人一样，填满了我的榨酒池。"③虽然他是最后才醒悟，但正如经上所言，那在后的将要在前，④蒙神祝福的选民乃是从以色列人的残余中拾取，并从全地出产的庄稼中收割，填满了榨酒池。⑤

　　21. 因此，保罗，所有称义的人，以及所有已经为我们演示了如何理解恩典的人，他们唯一的意图就是，荣耀应当归与神。谁还会质疑神的工作，他从一团土中拿一块出来定罪，却拿另一块出来称义？自由意志是至关重要的。它的确存在，可是，对于那被出卖给罪的人来说，它又能起到什么作用？保罗说："因为情欲和圣灵相争，圣灵和情欲相争。这两个是彼此相敌，使你们不能做所愿意做的。"（加5:17）我们被要求过义的生活，永福就是对这种生活的回报。可是，如果没有因信称义，谁能够活出义的生命，谁能够做出善的事工？我们要相信，我们可以领受圣灵的赐赠，从而能够凭

---

① ［译注］即《德训篇》的作者。
② ［译注］出自《德训篇》33:16。
③ ［译注］出自《德训篇》33:17。
④ ［译注］出自太20:16。
⑤ ［译注］意思就是说神的选民包括两个部分：其一是以色列人中那得救的余数，其二是"全地出产的庄稼"（喻指外邦人）。

借爱做出善绩。可是，如果呼召没有向他发出，如果没有被真理的见证触动，谁又能够相信？谁拥有这样的能力，使他心中可以产生影响他决意相信的驱动力？不能取悦人的事物，谁能够在内心中欢迎？谁有能力确保取悦他的事情就要发生，或者说，谁有能力可以确保就要发生的事一定可以取悦他？倘若向神靠近就可以取悦我们，那么这不能归于我们自己突发奇想或勤勉或值得称许的工作，而是要归于神的默示以及他所赐的恩。神会白白地使我们发自肺腑地认可，叫我们诚心努力，也会赐予我们热忱实施善工的能力。可以领受的，我们要祈求；可以寻见的，我们要去搜寻；可以叩开的门，我们要去敲击。我们的祷告难道不是有时显得平淡无味或者冷漠贫乏？难道我们不是有时已经完全忘掉了祷告，以至我们并没有注意到我们当下令人忧伤的光景。因为，倘若我们忧伤自己的光景，那这本身就已经是一个祷告。这所证明的，不就是那令我们祈求、寻见、叩门的神，不就是他自己给予我们顺服的意志吗？"这不在乎那定意的，也不在乎那奔跑的，只在乎发怜悯的神。"如果不是神激励我们，如果我们不是从神那里得力，那么我们就既不能立志，也不能奔跑。

22.　"照着拣选的恩典还有所留的余数。"①对此我们要理解，不是拣选已称义的，而是拣选那将要称义的人得永生，我实在告诉你，这拣选是隐秘的，不可能为我们所知道，因我们同属一团土。不过，倘若有些人知道神的拣选，那我就只能在这事上自叹不如。如果我被允许在理论上研究神救恩的拣选，那我就无事可做，除了研究他们更大的能力，他们免于犯罪的相对自由，或者（不介意的话请恕我补充）他们尊贵且有益的理论。他们主张，那些被最微不足道的罪恶捕获和玷污的人看起来适合蒙选（因为谁事实上无罪？），要不就是聪明伶俐、在人文学科上有精湛造诣的看起来适合被拣选。

━━━━━━━━━━

① ［译注］出自罗 11:5。

但假如判断的标准是我设定的，那么神就会嘲笑我，因为神已经拣选了世界上弱小的，而不是强壮的；愚拙的，而不是博学的。以后若见神面我肯定会为此羞愧；反过来，正确的做法是，我要嘲笑那许多在罪人面前自以为纯洁的人，嘲笑那在新手面前自以为渊博的雄辩家。我们难道没有看到，许多赤诚的信徒行走在真道上，他们的学识或者修养不要说不能和某些异端分子相比，甚至与谐剧艺人比也相差甚远？我们也看到，有些善男善女，他们有美满的婚姻，但他们要么是异教徒，要么是异端分子，要么在真信仰和真教会中表现得不温不火。我们会诧异地发现，他们不仅在恒忍、节制方面，而且在信心、盼望和仁爱方面都被忽然信主的妓女和艺人胜过了。

　　唯一可能的结论就是，拣选的乃是人的意志，但这意志自身并无法被驱动，除非有什么取悦并改变灵魂的事物浮现起来。而它的浮现却非人力可以操控。扫罗以前所做的除了攻击、捉拿和残害基督徒，还有什么？那事他做得多么狂热、暴虐和盲目！但是，当有从天上传来的声音，当有异象向他显示，他就跪倒在地，他的心智和意愿就借此脱离了残暴，正确地在信仰的道路上精进，结果，突然间他就从一位不可思议的福音逼迫者，变成了一位更加不可思议的福音传播者。这样我们还有什么可说的？"神决无什么不义。"神要惩戒谁，就惩戒谁，神要宽恕谁，就宽恕谁；神的惩戒从未不当地发出，也只有本当受惩戒的，神才会向他施以宽恕。"难道神有什么不公平吗，断乎没有。"那为什么他要这样待一个人，而要那样待另一个人？"你这个人哪，你是谁？"如果你欠下的债无需偿还，你就要为此谢恩；如果你必须还债，你也没有什么好抱怨。倘若我们不能理解，那就让我们信，那创造和赋形了整个天地，全部无形和有形事物的神，是按数目、质量和尺度来造化万物。但是他的审判是不可理解的，我们也不能查明他的方式。就让我们高唱哈利路亚，用歌声赞美他；我们不要再问，这是什么？那又是为什么？万物都已按它们各自的日子被造。

图书在版编目 (CIP) 数据

奥古斯丁的解经学 / (古罗马) 奥古斯丁著; 尹哲
编译. — 北京: 商务印书馆, 2023
（ "经典与解释"丛编）
ISBN 978-7-100-21408-7

Ⅰ.①奥… Ⅱ.①奥… ②尹… Ⅲ.①奥古斯丁
(Augustine, Aurelius 354–430) —教父哲学—文集 Ⅳ.
① B503.1–53

中国版本图书馆 CIP 数据核字（2022）第 115118 号

"经典与解释"丛编
奥古斯丁的解经学
〔古罗马〕奥古斯丁 著

尹哲 编译

———————————————

商 务 印 书 馆 出 版
（北京王府井大街 36 号　邮政编码 100710）
商 务 印 书 馆 发 行
南京新世纪联盟印务有限公司印刷
ISBN 978-7-100-21408-7

———————————————

2023 年 3 月第 1 版　　开本 880×1240 1/32
2023 年 3 月第 1 次印刷　印张 5⅞

定价：58.00 元